MENTE Y CEREBRO
UNA GUÍA ILUSTRADA

ANGUS GELLATLY
OSCAR ZARATE

MENTE Y CEREBRO
UNA GUÍA ILUSTRADA

Traducción de Lucas Álvarez Canga

Título original: *Introducing Mind & Brain: A Graphic Guide*

© Esta edición ha sido publicada en el Reino Unido y USA
en 2018 por Icon Books Ltd. (previamente publicada en Reino Unido
en 1998 con el título *Mind & Brain for Beginners*, y por segunda y tercera
vez en 1999 y 2007, respectivamente, con el título *Introducing Mind & Brain*).

Diseño de cubierta:
Carlos Lasarte

© Icon Books Ltd., 2018
© Del texto (Angus Gellatly), ICON BOOKS LTD., 2018
© De las ilustraciones (Oscar Zarate), ICON BOOKS LTD., 2018
© De la traducción, Lucas Álvarez Canga, 2024
© De la edición española, EDITORIAL TECNOS
(GRUPO ANAYA, S. A.), 2024
C/ Valentín Beato, 21 - 28037 Madrid

PAPEL DE FIBRA
CERTIFICADA

ISBN: 978-84-309-9028-3
Depósito Legal: M-8261-2024

Printed in Spain

Índice

Este libro trata sobre un órgano biológico, **el cerebro**, y lo que este hace, **la mente**. Como con todas las partes corporales, la evolución ha adaptado a los cerebros para adaptarse a entornos y formas de vida particulares. Si el cerebro ha evolucionado, y es el vehículo de la mente, ¿se sigue de ahí que la mente también ha evolucionado? La respuesta a esta cuestión tiene que ser tanto «sí» como «no». El cerebro y la «mente biológica» de los primates evolucionaron para la vida en la jungla o en la sabana. Estaban adaptados para resolver problemas particulares como encontrar comida y refugio, para reproducirse y cuidar de los más jóvenes.

Sin embargo, además de ser una «mente biológica» **evolucionada**, la mente humana también es una «mente cultural» socializada para resolver una miríada de problemas «no-naturales» planteados por la invención de la creación musical, la lectura, la pintura, la programación de ordenadores y votar en las elecciones. La mente cultural es reflexiva: reflexiona sobre sí misma. Hasta cierto punto, la mente es cómo hablamos y pensamos sobre ella.

11

Mente y cerebro: una breve historia

Los seres humanos han tenido noticias sobre el cerebro durante mucho tiempo sin estar claro en absoluto **para qué sirve** exactamente. La gran cantidad de antiguos **cráneos homínidos** que muestran signos de lesiones deliberadas sugieren que hace tres millones de años nuestros predecesores se habían dado cuenta, al menos, que el cerebro era un **órgano vital**.

La escena inicial de la película clásica de ciencia ficción de Stanley Kubrick, *2001* (1968), muestra a nuestros ancestros homínidos descubriendo el homicidio.

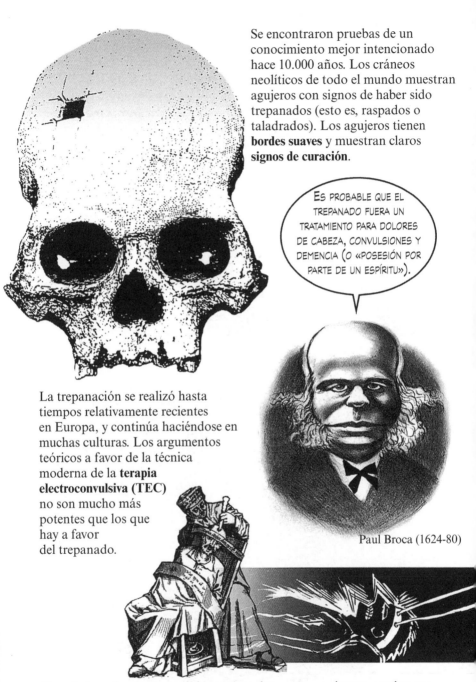

Se encontraron pruebas de un conocimiento mejor intencionado hace 10.000 años. Los cráneos neolíticos de todo el mundo muestran agujeros con signos de haber sido trepanados (esto es, raspados o taladrados). Los agujeros tienen **bordes suaves** y muestran claros **signos de curación**.

Es PROBABLE QUE EL TREPANADO FUERA UN TRATAMIENTO PARA DOLORES DE CABEZA, CONVULSIONES Y DEMENCIA (O «POSESIÓN POR PARTE DE UN ESPÍRITU»).

La trepanación se realizó hasta tiempos relativamente recientes en Europa, y continúa haciéndose en muchas culturas. Los argumentos teóricos a favor de la técnica moderna de la **terapia electroconvulsiva (TEC)** no son mucho más potentes que los que hay a favor del trepanado.

Paul Broca (1624-80)

Cuando los «doctores» neolíticos trepanaban a un «paciente», ¿creían que estaban tratando el cuerpo, la mente, el espíritu o el alma? Nunca lo sabremos. Pero probablemente no habrían reconocido estas distinciones.

La invención de la mente

Los poemas épicos de Homero en el siglo VIII a.C. son los primeros escritos sustanciales europeos. La ***Ilíada*** narra el sitio de Troya y la ***Odisea*** cuenta el viaje de vuelta a casa desde Troya del héroe Odiseo (Ulises para los romanos).

Sorprendentemente, estas obras apenas se refieren a lo que podríamos llamar «la mente». El vocabulario de Homero no incluye términos mentales como «pensar», «decidir», «creer», «dudar» o «desear». Los personajes de estas historias no **deciden** hacer nada. No tienen **libre albedrío**.

ACTUAMOS SOLO PORQUE NOS LO ORDENAN CIERTAS VOCES O NOS EMPUJA UNA TENSIÓN INTERIOR.

O COACCIONADOS DE ALGUNA FORMA POR UN DIOS.

Donde nos referiríamos a reflexionar o meditar, los personajes de Homero se refieren a hablar o a escuchar a sus propios órganos: «le dije a mi corazón», o «mi corazón me dijo». Los sentimientos y las emociones se describen también de esta forma mitad extraña, mitad familiar. Los sentimientos se localizan siempre en alguna parte del cuerpo, normalmente el diafragma. Un suspiro, la palpitación del corazón o emitir gritos son un sentimiento. Un sentimiento no es una cosa interior separada de su manifestación corporal.

La *Ilíada* y la *Odisea* son versiones escritas de «canciones» cantadas originalmente por bardos analfabetos que expresan las creencias e ideas de su cultura oral.

INVENTAMOS LA MENTE A MEDIDA QUE NUESTRA CULTURA ORAL SE TRANSFORMÓ GRADUALMENTE EN UNA CULTURA ALFABETIZADA.

En las culturas orales los pueblos no reconocían explícitamente la diferencia entre un pensamiento y las palabras que lo expresaban. Lo que decías es lo que pretendías. Tu palabra (no tu firma) es lo que te vincula. El habla desaparece en el momento en que se pronuncia. Los registros escritos, por contra, se mantienen fijos. Puedes estudiarlos con tranquilidad. Este hecho fomenta una distinción entre los símbolos que perduran en la página y las ideas que representan. El significado «literal» se distingue consistentemente del significado «que se pretende expresar» (una distinción como la que hay entre la «letra» y en el «espíritu» de la ley).

La **ratio** del pensamiento racional se separa de la **oratio** del habla para convertirse en un concepto separado. Las acciones de las personas expresan los pensamientos y decisiones que han tomado.

La alfabetización, se argumenta, abre una brecha entre dos mundos. Uno es el mundo que oímos y vemos, el mundo del habla y de la acción. El otro es el mundo *mental* imperceptible de pensamientos, intenciones y deseos. Al igual que hablar y realizar una acción tienen lugar en el mundo físico, del mismo modo, los literatos griegos de la época de Platón y Aristóteles crearon un espacio en el que alojar esos pensamientos, intenciones y deseos. Este espacio metafórico fue denominado primero la **psique**, pero ahora es conocido como la **mente**.

¿Qué es la mente?

Podemos ver que esta cuestión no tiene una respuesta sencilla. Los esfuerzos por comprender la relación entre el cerebro y el comportamiento, o entre la mente y el cerebro, son realmente investigaciones de lo que deberían significar estas palabras. Algunas funciones cerebrales (por ejemplo, el control de la temperatura corporal) ocurren de forma completamente inconsciente. Otras funciones son normalmente inconscientes, pero no siempre: por ejemplo, respirar, excepto cuando uno contiene la respiración voluntariamente. Estas podrían considerarse funciones corporales más que mentales, pero la distinción no es clara.

CUANDO RECONOCES UN OBJETO, TE VUELVES CONSCIENTE DE LO QUE ES: UN LIBRO, PONGAMOS, PERO NO ERES CONSCIENTE DE **CÓMO** LO RECONOCES.

AL RECORDAR CONSCIENTEMENTE EL NOMBRE DE ALGUIEN A MENUDO NO SOMOS CONSCIENTES DEL PROCESO MEDIANTE EL QUE LO RECUPERAS.

Así, quizás el reconocimiento y la recuperación podrían ser considerados como procesos corporales, los resultados de los cuales pueden (a veces) volverse conscientes.

Aunque no podemos decir categóricamente qué **es** la mente, tenemos idea de lo que **hace**. La mente nos permite **ver** el mundo y **actuar** voluntariamente en él. Ver, escuchar, tocar y todas las demás sensaciones tienen lugar en la mente. Al igual que experimentar emociones.

> EL MOVIMIENTO (A MENUDO DENOMINADO ACCIÓN MOTORA), LA REFLEXIÓN, RECORDAR Y PLANIFICAR PARECEN SURGIR DE LA MENTE.

> LA MENTE TAMBIÉN INCLUYE EL SENTIDO DEL YO Y EL SENTIDO DEL LIBRE ALBEDRÍO.

Los griegos nos transmitieron una psicología mentalista plena de palabras como sentir, pensar, querer y decidir. Esto se convirtió en nuestro sentido común o psicología popular (*folk psychology*). Pero ¿es adecuado para los propósitos de hoy día? ¿Hasta qué punto las metáforas de la **mente** y del **yo** se adecúan a nuestro conocimiento de cómo funciona el cerebro? Estas preguntas son el corazón de este libro.

Conoce el cerebro

Un cerebro humano promedio pesa alrededor de tres libras o 1,4 kilogramos. Sus características más obvias son los **hemisferios izquierdo y derecho** (HI y HD), que albergan la mayoría de las demás partes (subcorticales), y el **cerebelo** (pequeño cerebro) con forma de nuez en la parte posterior, donde emerge la médula espinal. La superficie de los hemisferios es el **tejido cortical** (del latín *cortex*, «corteza») que está arrugado o con **convoluciones**. Las convoluciones incrementan el área de superficie cortical disponible dentro de los límites del cráneo.

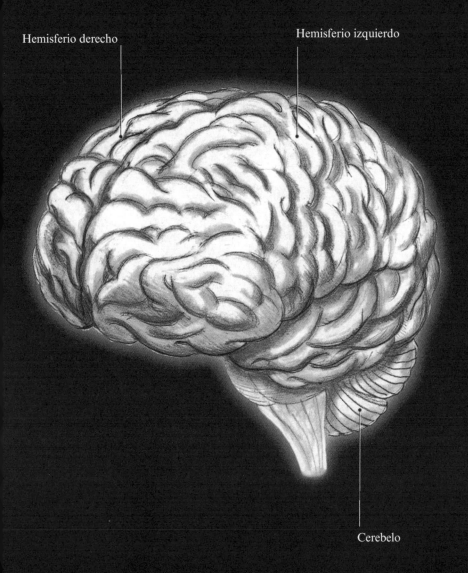

Hemisferio derecho

Hemisferio izquierdo

Cerebelo

En muchos idiomas antiguos, la palabra para el **cerebro** y la **médula ósea** era la misma. Los antiguos griegos y los chinos pensaban que ambos surgían a partir del **semen**.

Los egipcios del Imperio Medio (c. 2040-1786 a.C.) le concedían tan poca importancia al cerebro que no lo conservaban con el resto del cuerpo, como hacían con el corazón, los pulmones, el hígado o los riñones.

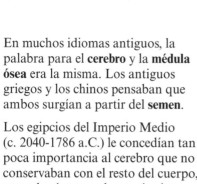

LO EXTRAÍAMOS A TRAVÉS DE LOS ORIFICIOS NASALES Y LO TIRÁBAMOS.

¿Materia o espíritu?

El médico griego **Hipócrates** (c. 460-377 a.C.) rechazó la idea de que los dioses y los espíritus causaban mala salud física y mental. Ofreció una explicación puramente materialista del cuerpo y de la mente.

Platón (429-347 a.C.) no aceptó toda esta teoría materialista de los humores. Creía en un **alma** con tres partes.

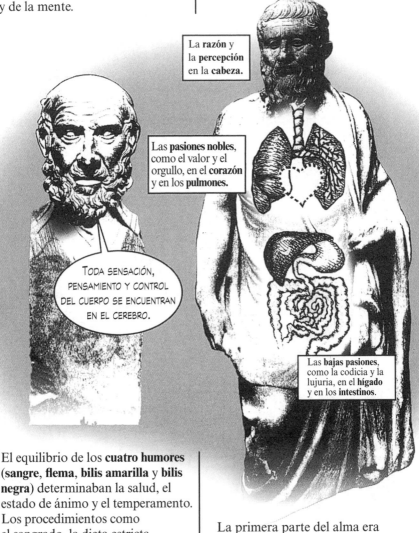

La **razón** y la **percepción** en la **cabeza**.

Las **pasiones nobles**, como el valor y el orgullo, en el **corazón** y en los **pulmones**.

TODA SENSACIÓN, PENSAMIENTO Y CONTROL DEL CUERPO SE ENCUENTRAN EN EL CEREBRO.

Las **bajas pasiones**, como la codicia y la lujuria, en el **hígado** y en los **intestinos**.

El equilibrio de los **cuatro humores** (**sangre**, **flema**, **bilis amarilla** y **bilis negra**) determinaban la salud, el estado de ánimo y el temperamento. Los procedimientos como el sangrado, la dieta estricta o la purga se usaban para tratar desequilibrios dañinos.

La primera parte del alma era **inmortal**, pero la segunda y la tercera eran **perecederas**.

Aristóteles (384-322 a.C.) sabía que **tocar** el cerebro no causaba ninguna sensación. Juzgaba que el **corazón** debía ser donde tuvieran lugar las **sensaciones**.

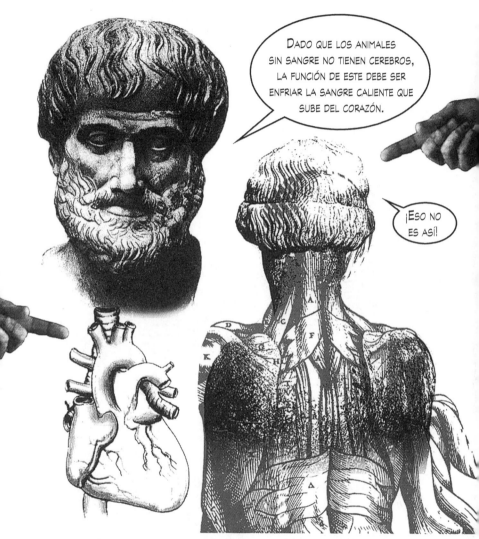

DADO QUE LOS ANIMALES SIN SANGRE NO TIENEN CEREBROS, LA FUNCIÓN DE ESTE DEBE SER ENFRIAR LA SANGRE CALIENTE QUE SUBE DEL CORAZÓN.

¡ESO NO ES ASÍ!

Galeno (129-c. 199 d.C.), un médico griego de la época romana, se basaba en la disección animal, los experimentos, la práctica clínica y quizás en las observaciones de gladiadores heridos. Concluyó que el cerebro era el órgano de la sensación y del movimiento voluntario.

El debate sobre la **hipótesis cerebral** contra la **hipótesis cardíaca** continuó durante la Edad Media y aún más allá.

Cartógrafos pioneros

La gran era de la cartografía y navegación europeas comenzó en el Renacimiento. Se dibujaban los mapas, no solo de los «nuevos mundos» al otro lado del océano, sino también los de los cielos por astrónomos como **Nicolás Copérnico** (1473-1543) y **Galileo Galilei** (1564-1642), y de *dentro* del cuerpo por anatomistas pioneros, **Leonardo da Vinci** (1452-1519), **Andrés Vesalio** (1514-64) y otros.

Una mente llena de oquedades

Desde la época griega antigua, los partidarios de la hipótesis cerebral creían que las facultades del **alma** y de la **mente** estaban localizadas no en el tejido del cerebro, sino en las cavidades internas conocidas como **ventrículos**.

Vesalio enseñó que el aire inhalado y **los espíritus vitales** que surgen del corazón se juntaban en los ventrículos y se transformaban en **espíritus animales**. Estos se distribuían a su vez a través de canales huecos hasta los órganos de la sensación y del movimiento. Esta fue una primera aproximación a la teoría química de cómo funcionan los nervios.

LOS ESPÍRITUS ANIMALES DESPRENDEN PRODUCTOS RESIDUALES, COMO **VAPORES** ASCENDENTES Y **FLEMAS** DESCENDENTES.

Andrés Vesalio

Ventrículos, tejidos y la mente

Hubo discusiones sobre cuántos ventrículos tenía la mente. Las diferentes **funciones** (como la memoria, el pensamiento, el juicio y la razón) se decía que estaban **localizadas** en diferentes ventrículos. Esto continuó aceptándose hasta la llegada de **Franciscus de la Boë** (conocido como **Sylvius**, 1614-72) y **Thomas Willis** (1621-75).

Para el filósofo **René Descartes** (1596-1650), existía una división total entre la mente/alma consciente y el cuerpo.

Un pez llamado Cura Milagrosa

Los médicos romanos trataron una variedad de enfermedades como la parálisis, los dolores de cabeza, la artritis y la gota, haciendo permanecer a sus pacientes sobre peces capaces de generar electricidad. Se pensaba que así se transmitía cierta **fuerza vital** del pez al pie.

A mediados del siglo XVIII, los avances en la física de la electricidad y en la tecnología de los generadores hicieron que la terapia eléctrica estuviera de nuevo de moda. El cerebro se concebía como un generador eléctrico, con los nervios como cables por los que fluía la electricidad.

EN 1786, DESCUBRÍ QUE LA ESTIMULACIÓN ELÉCTRICA DE LOS NERVIOS DE LA PIERNA DE UNA RANA CAUSABA CONTRACCIONES MUSCULARES.

El descubrimiento de **Luigi Galvani** (1737-98) sentó las bases para las ideas modernas de la conducción nerviosa.

La electroterapia, o el galvanismo, se hizo aún más popular en el siglo XVIII como un tratamiento curarlo todo.

Algunos galvanistas entusiastas también llevaron a cabo experimentos sobre los cerebros desnudos de animales, de cadáveres de criminales decapitados y de otros organismos.

En nuestra «cultura quirúrgica» es fácil olvidar el miedo y la repulsión inspiradas por esta investigación. **Mary Shelley** (1797-1851) lo expresó en su novela *Frankenstein* en 1818.

Bultos en la cabeza

El principio del siglo XIX también fue testigo del desarrollo de la **frenología** por parte de **Franz Gall** (1758-1828) y **Johann Spurzheim** (1776-1832). Ambos fueron habilidosos neuroanatomistas y creían fervientemente en dos cosas.

> EL CEREBRO ES EL ÓRGANO DE LA MENTE.

> LAS DIFERENTES FACULTADES MENTALES Y MORALES ESTÁN LOCALIZADAS EN REGIONES CORTICALES PARTICULARES.

Desafortunadamente, también creían que el grado con el que un individuo poseía una facultad, como la «memoria» o «el amor a los hijos», dependía del tamaño del área del cerebro relevante. Esto, a su vez, se reflejaría en la forma del cráneo en esa zona. Un padre afectivo debería tener un bulto en la zona apropiada. Se difundió la idea de que la personalidad se podría analizar al examinar el cráneo. Ir al frenólogo para que «palpara tus bultos» se puso tan de moda como lo hizo ir al psicoanalista en el siglo XX.

Pero nunca dos frenólogos se pusieron de acuerdo sobre qué facultades mentales había exactamente, ni en cómo estaban posicionadas en el cráneo.

El comienzo de la localización

Marie-Jean-Pierre Flourens (1794-1867), un estricto discípulo de Descartes, lideró la reacción contra la frenología. Creía en una mente o alma unificada que no podía analizarse en partes separadas. Flourens estudió los efectos de la estimulación galvánica y de las lesiones focales (daños situados con precisión) en partes particulares del cerebro. Concluyó correctamente tres cosas.

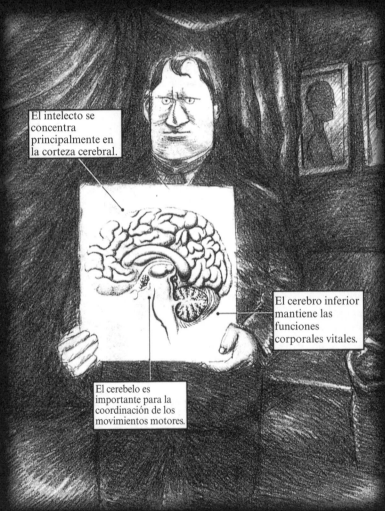

El intelecto se concentra principalmente en la corteza cerebral.

El cerebro inferior mantiene las funciones corporales vitales.

El cerebelo es importante para la coordinación de los movimientos motores.

Sin embargo, también insistió en que las funciones mentales no pueden disociarse unas de otras, y que eliminar la corteza de un animal rebajaría su intelecto en una proporción a la cantidad eliminada.

Como otros exploradores del siglo XIX que estaban cartografiando con mayor profundidad los «interiores», los neuroanatomistas también se propusieron localizar las áreas de las funciones del cerebro. En la década de 1860, **Gustav Fritsch** (1838-1927) y **Edouard Hitzig** (1838-1907) parecieron proporcionar evidencia concluyente de la localización de las funciones corticales.

* Se ha sabido desde la antigüedad que las convulsiones o la parálisis que siguen a una lesión de un lado de la cabeza se manifiestan en el otro lado del cuerpo.

En 1861 se obtuvo un mayor apoyo para la localización cortical. **Paul Broca** (1824-80) demostró que los desórdenes del habla están asociados a daños en una región del lóbulo frontal izquierdo.

LA PERSONA COMPRENDE LO QUE SE LE DICE, PERO HABLA CON DIFICULTAD, SI ES QUE PUEDE.

Se conoce esto como **afasia de Broca**. El área de Broca coordina los movimientos del habla. Se encuentra justo al lado de la parte de la **corteza motora** que controla los movimientos de los labios, la lengua y las cuerdas vocales.

En 1874, **Carl Wernicke** (1848-1904) descubrió que el daño en un área de un lóbulo temporal cercano al tejido relacionado con la audición (la **corteza auditiva**), provocaba otro tipo de desorden del lenguaje.

ESTAS PERSONAS HABLAN CON FLUIDEZ, PERO LO QUE DICEN CASI NO TIENE SENTIDO.

Esta es la **afasia de Wernicke**.

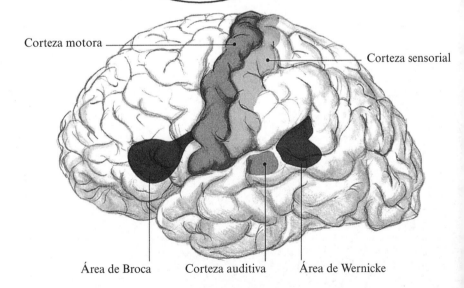

Corteza motora

Corteza sensorial

Área de Broca   Corteza auditiva   Área de Wernicke

Muchos años después, el neurocirujano **Wilder Penfield** (1891-1976) fue capaz de usar la estimulación de pacientes conscientes sometidos a cirugía cerebral* para trazar la franja motora humana (o corteza motora) en el lóbulo frontal. También trazó la franja sensorial en el lóbulo parietal.

* Recuérdese que Aristóteles ya sabía que tocar el cerebro no causa dolor ni cualquier otra sensación.

A pesar de estos éxitos, localizar las funciones de alto nivel mental en regiones particulares de la corteza se enfrentaba con una continua oposición. Entre otras cosas, porque los localizadores comenzaron a producir mapas del cerebro tan inconsistentes unos con otros como los de los frenólogos.

HE ELIMINADO TODA LA CORTEZA DE ESTE PERRO Y, AUN ASÍ, SE MANTIENE DE PIE Y CAMINA

POR TANTO, FRITSCH Y HITZIG DEBEN ESTAR EQUIVOCADOS AL DECIR QUE LOS CENTROS DEL MOVIMIENTO MOTOR TIENEN QUE ENCONTRARSE EN LA CORTEZA.

COMIDA

En el siglo XX, **Goldstein** y **Lashley** continuaron la visión holista de **Flouren** y **Goltz** de que las funciones superiores dependen de **toda** la corteza, y de que la pérdida de la función está relacionada con la extensión del tejido dañado. Otros, como **Monakow** y **Sherrington**, abandonaron finalmente el materialismo e identificaron las funciones mentales superiores con un alma.

Se comienza a ensamblar las funciones cerebrales

Una de las primeras personas en ver una solución a la aparente contradicción entre la localización y el holismo fue **John Hughlings-Jackson** (1835-1911). Hughlings-Jackson aceptó que las funciones sensoras y motoras simples están localizadas dentro de zonas corticales especializadas. Pero también vio que el pensamiento y el comportamiento más complejo debe ensamblarse a partir de muchos de estos componentes más simples, involucrando, así, muchas áreas separadas del cerebro. También comprendió que la «misma» actividad se puede ensamblar a **niveles inferiores o superiores** del cerebro.

35

Un niño sostenido por las manos muestra un caminar controlado por los que lo exhiben que controlan, a su vez, el caminar por medio de la columna vertebral. Sin embargo, cuando es mayor, aún tiene que aprender el caminar «cortical» voluntario.

AUNQUE LOS PACIENTES DE BROCA NO PUEDEN HABLAR, A VECES PUEDEN MALDECIR O CANTAR. ESTAS REACCIONES AUTOMÁTICAS ANTE EL TROPEZÓN CON UN PIE O ANTE EL SONIDO DE UNA MELODÍA DEBEN ORIGINARSE EN CENTROS SUBCORTICALES.

NO NECESITAN LAS REGIONES CORTICALES QUE SON NECESARIAS PARA LA CONSTRUCCIÓN VOLUNTARIA Y NO AUTOMÁTICA DEL HABLA.

Hughlings-Jackson y, más tarde, **Henry Head** (1861-1940), reconocieron que simplemente porque nuestro vocabulario contenga palabras sueltas como «caminar», «hablar», «ver» o «recordar», eso no quiere decir que estas se refieran a actividades sueltas.

El gran neuropsicólogo ruso **Alexander Luria** (1902-77) señaló que la misma función se puede lograr por diferentes **ensamblajes** de áreas del cerebro que trabajan juntas en diferentes ocasiones. Por ejemplo, aprender una capacidad nueva necesita pensamiento consciente, cortical. Pero el control puede que posteriormente se transmita a centros subcorticales una vez que se ha aprendido bien a servirse de dicha capacidad.

CIERTAMENTE, PENSAR CONSCIENTEMENTE SOBRE UNA CAPACIDAD BIEN APRENDIDA PUEDE LLEGAR A PERTURBARLA.

¿IZQUIERDA?

¡PERO EL SEMÁFORO ESTÁ ROJO!

¿DÓNDE ESTÁN LOS FRENOS?

UN NIÑO ESTÁ... ¡OH, DIOS!

¡¡¡ESE CAMIÓN ESTUVO MUY CERCA!!!

AHORA... GIRA A LA IZQUIERDA.

Rastreando el progreso

¿Está formado el cerebro por vasos sanguíneos, glándulas o glóbulos? Este debate del siglo XVII solo pudo progresar con mejores técnicas para visualizar un órgano **denso** y **tridimensionalmente** complejo. Los avances técnicos incluyeron: mejorar la neuroanatomía; herramientas para la disección; desarrollar medios químicos para fijar y conservar el tejido cerebral; refinamiento de la microscopía; invención de técnicas de tinción tisular.

La teoría celular del sistema nervioso se estableció a finales del siglo XIX.

Neuronas y glía

De hecho, existen dos tipos de células en el cerebro: las neuronas, de las cuales hay 100.000.000.000, e incluso más células **gliales**. Las neuronas o células nerviosas, son lo que normalmente se entiende por «células cerebrales». Existen muchos tipos de neuronas. Todas ellas tienen un **cuerpo celular**, un **axón** y muchas fibras ramificadas llamadas **dendritas**.

Se sabe bastante poco de las células gliales. Una cosa que hacen es producir **mielina**, una sustancia grasa aislante que recubre muchos axones. La reducción o eliminación de mielina es una característica de enfermedades neurodegenerativas graves, como la esclerosis múltiple.

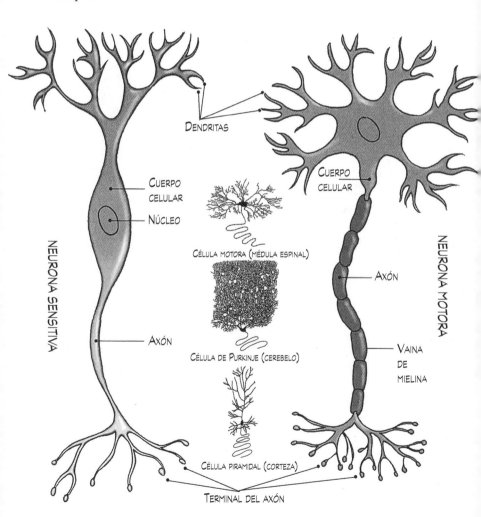

DENDRITAS

CUERPO CELULAR

NÚCLEO

CÉLULA MOTORA (MÉDULA ESPINAL)

CÉLULA DE PURKINJE (CEREBELO)

AXÓN

CÉLULA PIRAMIDAL (CORTEZA)

TERMINAL DEL AXÓN

CUERPO CELULAR

AXÓN

VAINA DE MIELINA

NEURONA SENSITIVA

NEURONA MOTORA

39

Materias gris y blanca

Allí donde muchos cuerpos celulares se encuentran muy juntos aparecen como «**materia gris**» o **corteza**. Donde el tejido consiste principalmente en largos axones mielinizados que conectan diferentes comunidades de células (conocidas como **núcleos**), aparece la «**materia blanca**».

Las circunvoluciones de la superficie cortical provocan que gran parte de ella se encuentre oculta dentro de los pliegues conocidos como **surcos**, que están separados por crestas conocidas como **circunvoluciones** o **giros**.

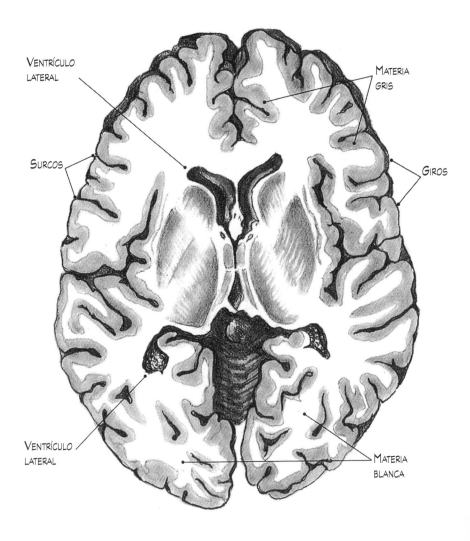

VENTRÍCULO LATERAL

MATERIA GRIS

SURCOS

GIROS

VENTRÍCULO LATERAL

MATERIA BLANCA

El cerebro eléctrico

Las neuronas tienen la propiedad de la «irritabilidad nerviosa», esto es: que responden a estímulos externos, como una corriente eléctrica. Si el cuerpo celular recibe el tipo correcto de estímulo/información de sus dendritas y de los axones de otras células, «se disparará» (mostrará irritabilidad). Esto quiere decir que envía una pequeña **señal eléctrica** por su axón. El axón se conecta entonces con las dendritas, con los cuerpos celulares de otras neuronas o con células de los **músculos** o **glándulas**.

Los neurocientíficos pueden estudiar una neurona colocando **electrodos** cerca del cuerpo celular.

Un **electrodo de registro** monitoriza la cantidad de veces que la célula se dispara cada segundo. Un **electrodo estimulador** impulsará el disparo de la célula.

Cada neurona es estimulada por una enorme cantidad de otras células nerviosas que se conectan a sus dendritas o con el cuerpo celular. Algunas de estas conexiones son **excitatorias** (incrementan la probabilidad de que la célula objetivo se dispare). Algunas son **inhibitorias** (disminuyen la probabilidad de que se dispare). La cantidad relativa de excitación e inhibición que impacta en la célula objetivo determina conjuntamente su ratio de disparo.

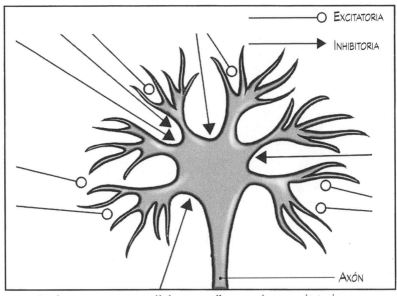

La figura muestra una célula que recibe conexiones excitatorias (principalmente en sus dendritas) y conexiones inhibitorias (principalmente en su cuerpo celular).

Disparo anormal

A veces el disparo de grupos de células puede volverse excesivo.

ESTO SE PUEDE EXPERIMENTAR COMO TICS MUSCULARES.

O COMO PERTURBACIONES VISUALES, COMO LAS ASOCIADAS CON LA MIGRAÑA.

EN LA EPILEPSIA, EL INICIO DEL DISPARO ANORMAL PUEDE PRODUCIR LA EXPERIENCIA DE UN AURA.

PERO, A MEDIDA QUE EL DISPARO ANORMAL SE EXTIENDE A MÁS Y MÁS TEJIDO, SE CONVIERTE, EN ÚLTIMA INSTANCIA, EN UN ATAQUE.

El cerebro químico

Allí donde las ramas del axón se conectan con las dendritas o con los cuerpos de las células objetivo existe una pequeña brecha, lo que **Sir Charles Scott Sherrington** (1857-1952) denominó **sinapsis**. El potencial eléctrico que desciende por el axón no puede saltar esta brecha. En su lugar, el axón **presináptico** libera **moléculas** químicas con una forma especial.

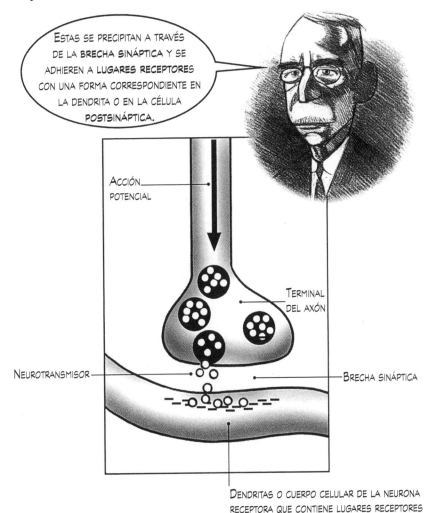

ESTAS SE PRECIPITAN A TRAVÉS DE LA BRECHA SINÁPTICA Y SE ADHIEREN A LUGARES RECEPTORES CON UNA FORMA CORRESPONDIENTE EN LA DENDRITA O EN LA CÉLULA POSTSINÁPTICA.

ACCIÓN POTENCIAL

TERMINAL DEL AXÓN

NEUROTRANSMISOR

BRECHA SINÁPTICA

DENDRITAS O CUERPO CELULAR DE LA NEURONA RECEPTORA QUE CONTIENE LUGARES RECEPTORES

Si la siguiente célula es otra neurona, la llegada de las moléculas bien incrementará (excitatoria), bien disminuirá (inhibitoria), la probabilidad de que esa otra célula se dispare.

Disfunciones químicas

Las sustancias químicas que actúan de esta forma son conocidas como **neurotransmisores**. Ejemplos de estas sustancias son la **serotonina** y la **dopamina**. Una cantidad insuficiente o excesiva de un neurotransmisor provoca disfunciones de diversos tipos. En la enfermedad de Parkinson, por ejemplo, los movimientos voluntarios se vuelven difíciles de iniciar y de controlar. Esto está asociado a una escasez de la dopamina cerebral. Al incrementar la producción de la dopamina en el cerebro mejora la enfermedad.

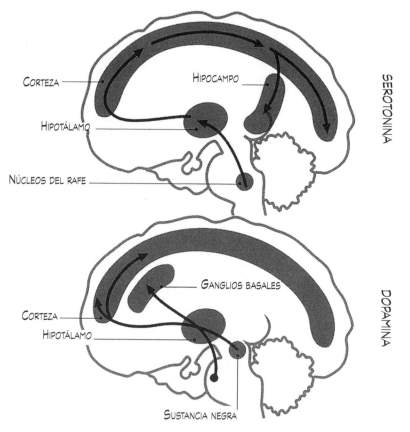

¿Por qué tienen efecto drogas como la morfina y el LSD, y venenos como el curare? Porque tienen una estructura similar a la de los neurotransmisores naturales del cerebro. Al adherirse a los lugares receptores postsinápticos, perturban el tráfico normal entre las vías neuronales.

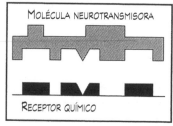

44

El cerebro, las hormonas y el cuerpo

Los neurotransmisores son similares en muchos aspectos a las **hormonas**. Las hormonas, como la **adrenalina** y la **testosterona**, las segregan las glándulas en la sangre. En esta última, pueden viajar para afectar a órganos distantes.

Las hormonas regulan funciones corporales, como la producción de energía y el metabolismo.

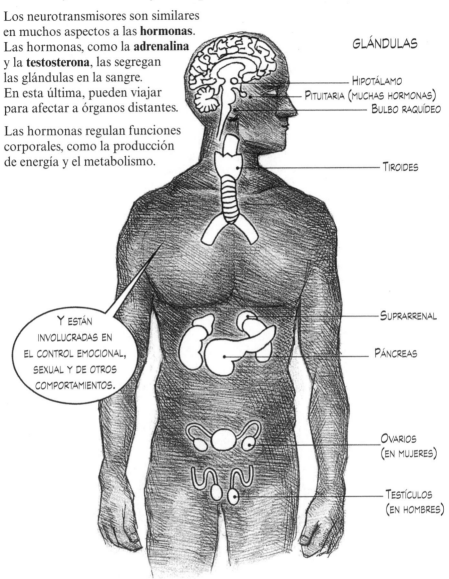

GLÁNDULAS

Hipotálamo
Pituitaria (muchas hormonas)
Bulbo raquídeo

Tiroides

Y ESTÁN INVOLUCRADAS EN EL CONTROL EMOCIONAL, SEXUAL Y DE OTROS COMPORTAMIENTOS.

Suprarrenal

Páncreas

Ovarios (en mujeres)

Testículos (en hombres)

• La actividad cerebral controla la liberación de hormonas en la sangre por parte de las glándulas.
• Pero las hormonas, transportadas hasta el cerebro en la sangre, pueden entonces servir para influir en la actividad del propio cerebro.
• El cerebro es un órgano corporal, parte de un sistema operativo mayor. Cuando, como en este libro, nos centramos exclusivamente en el cerebro, perdemos fácilmente de vista este hecho.

La geografía del cerebro humano

El cerebro es una estructura increíblemente compleja. La terminología que ha evolucionado para describirlo es aún casi más abrumadora. Dado que el cerebro lo estudian muchos grupos diferentes (anatomistas, fisiólogos, bioquímicos, genetistas, cirujanos, neurólogos, neuropsicólogos y otros), la mayoría de las estructuras han adquirido muchas etiquetas alternativas, que pueden estar en griego, latín, inglés o francés.

La denominación de los trastornos de comportamiento resultantes de lesiones cerebrales también plantea dificultades. Muchos trastornos tienen nombres que comienzan con «a», que quiere decir «sin» (como en a-teísmo). Otros comienzan con «dis», que quiere decir «malo» (como en dis-lexia). Muchos de los «a» deberían ser realmente «dis» porque es relativamente raro que una función conductual se vea completamente eliminada. Aunque esto ocurre a veces, son más frecuentes los diferentes grados de deterioro.

¡Estás avisado!

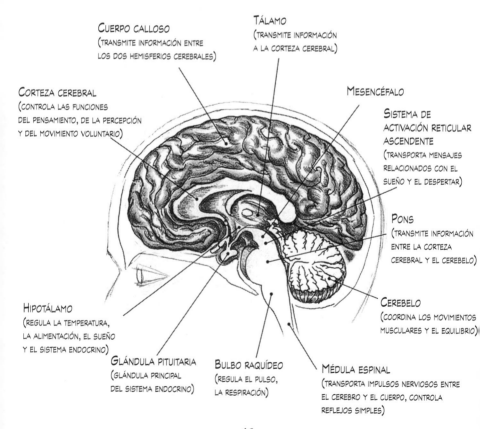

CUERPO CALLOSO
(TRANSMITE INFORMACIÓN ENTRE LOS DOS HEMISFERIOS CEREBRALES)

TÁLAMO
(TRANSMITE INFORMACIÓN A LA CORTEZA CEREBRAL)

CORTEZA CEREBRAL
(CONTROLA LAS FUNCIONES DEL PENSAMIENTO, DE LA PERCEPCIÓN Y DEL MOVIMIENTO VOLUNTARIO)

MESENCÉFALO

SISTEMA DE ACTIVACIÓN RETICULAR ASCENDENTE
(TRANSPORTA MENSAJES RELACIONADOS CON EL SUEÑO Y EL DESPERTAR)

PONS
(TRANSMITE INFORMACIÓN ENTRE LA CORTEZA CEREBRAL Y EL CEREBELO)

HIPOTÁLAMO
(REGULA LA TEMPERATURA, LA ALIMENTACIÓN, EL SUEÑO Y EL SISTEMA ENDOCRINO)

CEREBELO
(COORDINA LOS MOVIMIENTOS MUSCULARES Y EL EQUILIBRIO)

GLÁNDULA PITUITARIA
(GLÁNDULA PRINCIPAL DEL SISTEMA ENDOCRINO)

BULBO RAQUÍDEO
(REGULA EL PULSO, LA RESPIRACIÓN)

MÉDULA ESPINAL
(TRANSPORTA IMPULSOS NERVIOSOS ENTRE EL CEREBRO Y EL CUERPO, CONTROLA REFLEJOS SIMPLES)

Evolución y desarrollo

Los sistemas nerviosos evolucionaron porque mejoraron las posibilidades de supervivencia de los animales que los poseían. Un sistema nervioso permite a un animal **actuar** en lugar de ser **pasivo**: buscar comida y evitar el peligro en lugar de simplemente esperar a que llegue la comida, pero no el peligro.

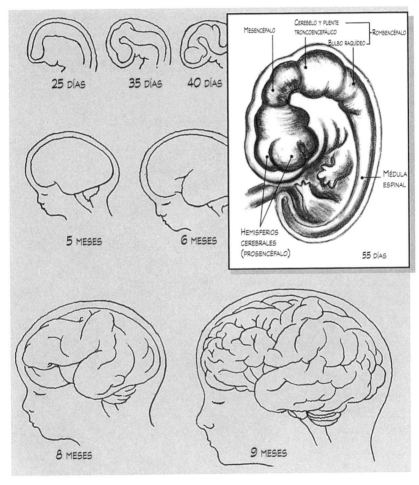

El cerebro de un embrión comienza siendo como un simple tubo de tejido. A continuación, desarrolla tres ampliaciones que se convertirán en el **prosencéfalo**, el **mesencéfalo** y el **rombencéfalo**. La corteza del prosencéfalo se dividirá más tarde en los dos **hemisferios cerebrales**, que crecen hacia fuera para cubrir gran parte de las regiones cerebrales inferiores.

El rombencéfalo

El cerebro «posterior», o rombencéfalo, atiende principalmente las funciones vitales del organismo.

El primer componente principal del rombencéfalo es el bulbo raquídeo. Es una continuación de la **médula espinal** y se ocupa del control de la respiración, del pulso cardíaco y de la digestión. Por encima de él está el **pons** (puente de Varolio) que recibe la información enviada desde las regiones visuales para controlar los ojos y los movimientos corporales. Envía esta información a la tercera mayor estructura del rombencéfalo, el **cerebelo** con forma de nuez, que controla la coordinación de las secuencias de movimientos. Una cuarta estructura del rombencéfalo, la **formación reticular**, es importante para el control del despertar y en el ciclo de sueño y vigilia.

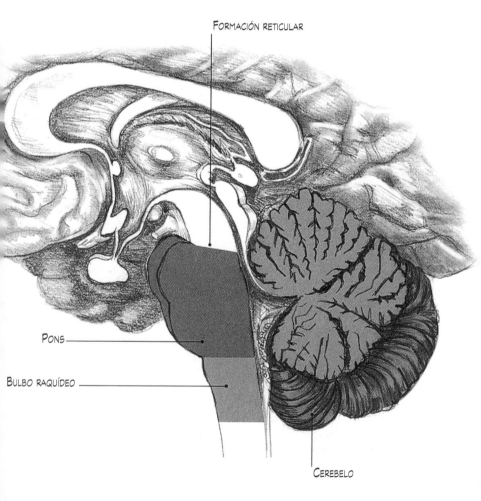

FORMACIÓN RETICULAR

PONS

BULBO RAQUÍDEO

CEREBELO

El mesencéfalo

El mesencéfalo se encuentra por encima del rombencéfalo. Sus principales componentes son el **pedúnculo cerebral**, el **tegmento** y el **techo**. Los dos primeros están relacionados con los movimientos motores. La escasez de dopamina en el pedúnculo cerebral, y en otras partes, es lo que hace surgir la enfermedad de Parkinson. El techo contiene **núcleos** (grupos de células) visuales y auditivos. Para los pájaros y otros animales inferiores, estos **son** sus cerebros visuales y auditivos. Los mamíferos han desarrollado grandes áreas de prosencéfalo dedicadas a estos sentidos, pero sus techos aún gobiernan movimientos del cuerpo completo como respuesta a la luz y al sonido.

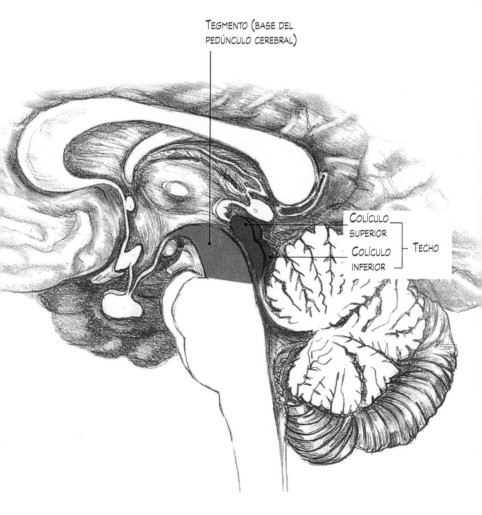

TEGMENTO (BASE DEL PEDÚNCULO CEREBRAL)

COLÍCULO SUPERIOR
COLÍCULO INFERIOR
TECHO

El prosencéfalo

El prosencéfalo humano contiene una gran cantidad de estructuras importantes. El tálamo es una especie de centro de comunicaciones que recibe entradas de los ojos, los oídos, la piel y otros órganos sensoriales. También modula la actividad en la corteza en su conjunto. El hipotálamo es una estructura pequeña, pero muy compleja encargada del control de la alimentación, la lucha, la huida y la conducta sexual, así como de la regulación de la temperatura, el sueño y la expresión de emociones.

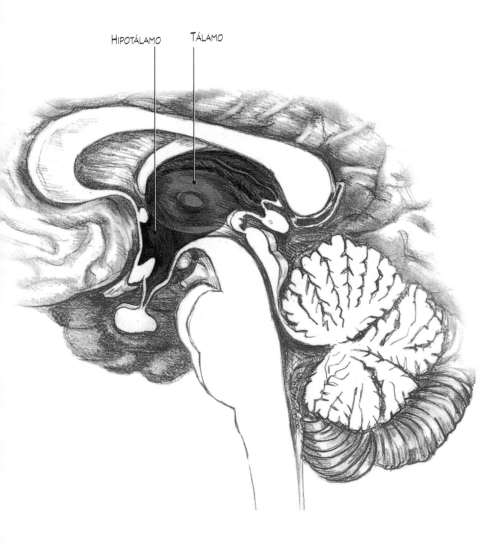

HIPOTÁLAMO   TÁLAMO

El **sistema límbico** comenzó como un «cerebro del olor» y está muy implicado en los procesos emocionales. El **hipocampo** del sistema límbico es esencial para el conocimiento de la disposición espacial del entorno.

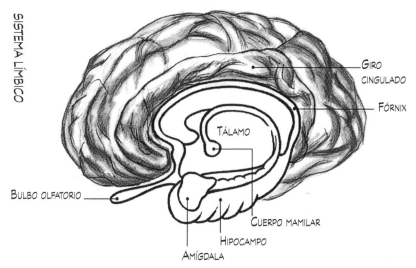

Los **ganglios basales** son varios núcleos (materia gris) que desempeñan un papel importante en los movimientos. La gente que sufre parkinson muestra también escasez de dopamina en esa área. Las regiones distintivas de los ganglios basales reciben entradas tanto del sistema límbico como de diferentes áreas corticales. Puede que aquí las emociones y los recuerdos compitan con las circunstancias presentes y los pensamientos por el control del comportamiento.

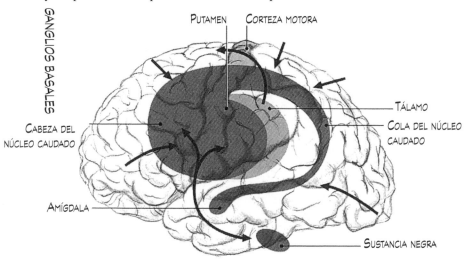

Los hemisferios izquierdo y derecho (HI y HD)

Los dos **hemisferios cerebrales** son los rasgos más grandes y obvios de los cerebros humanos y de otros primates. Su superficie de materia gris es **la corteza**, a veces denominada **neocórtex** para distinguirla de la **corteza** que se encuentra en estructuras inferiores y más antiguas del cerebro. Cada hemisferio recibe información principalmente del lado opuesto del cuerpo, que también controla en gran medida. Los dos hemisferios pueden actuar de forma conjunta para producir comportamiento coherente ya que comparten la información a través de una vasta capa de fibras conocidas como el **cuerpo calloso**. También se conectan indirectamente con las estructuras subcorticales sobre las que se asientan.

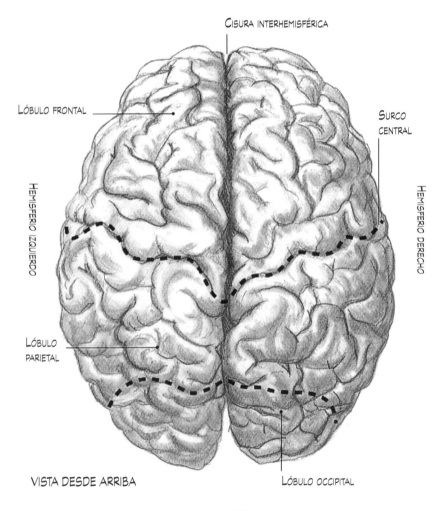

CISURA INTERHEMISFÉRICA

LÓBULO FRONTAL

SURCO CENTRAL

HEMISFERIO IZQUIERDO

HEMISFERIO DERECHO

LÓBULO PARIETAL

VISTA DESDE ARRIBA

LÓBULO OCCIPITAL

Cada hemisferio está dividido en cuatro **lóbulos**, separados por hendiduras profundas conocidas como **cisuras**. Los lóbulos, a su vez, pueden estar divididos en áreas. Las diferentes áreas se identifican teniendo en cuenta diferentes criterios. Tienen una apariencia diferente cuando se tiñen y se observan al microscopio y se distinguen por el patrón de sus conexiones con otras áreas. Están definidas funcionalmente por el tipo de estímulos que activan sus células y por las deficiencias en el comportamiento que resultan cuando están dañadas.

La identificación de las áreas continúa siendo un intenso tema de investigación. Identificar las **áreas correspondientes** en los cerebros de **diferentes especies** es particularmente difícil.

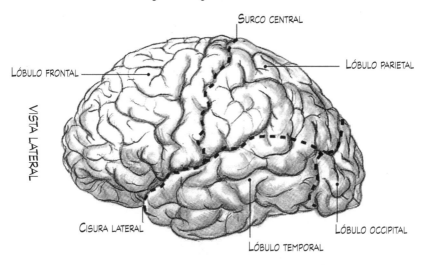

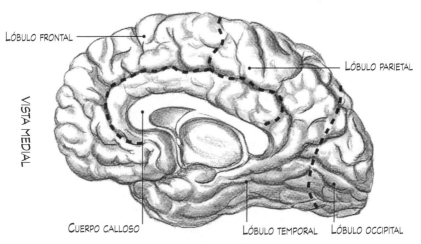

Las capacidades mentales

Las **cortezas** cerebrales son el lugar donde se asientan las **capacidades mentales avanzadas.**

Contienen centros que aglutinan la información de los **sentidos** con **pensamientos** y **recuerdos** para averiguar qué está pasando en el mundo a nuestro alrededor.

Los primates, y los humanos en particular, tienen hemisferios que son especialmente grandes.

Sin embargo, es importante tener en mente que las cortezas cerebrales funcionan como parte de un sistema más grande. La **conectividad** es una característica importantísima del cerebro. Los centros superiores e inferiores se encuentran fuertemente conectados por tractos de fibras ascendentes y descendentes. Estos mantienen el contacto entre las estructuras del rombencéfalo, el mesencéfalo y el prosencéfalo. **Así es cómo se logra la integración de la mente y el cuerpo.**

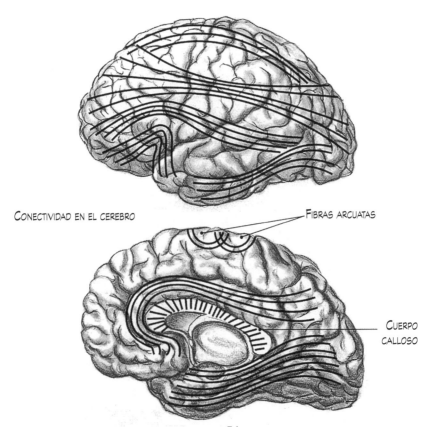

CONECTIVIDAD EN EL CEREBRO

FIBRAS ARCUATAS

CUERPO CALLOSO

Mentes simples 1: la babosa de mar

Algunos comportamientos parecen más complicados e inteligentes de lo que realmente son.

Si intentas leer cerca de un reloj particularmente ruidoso, puede que te distraiga su tic-tac, haciendo que sea difícil que te concentres en tu libro.

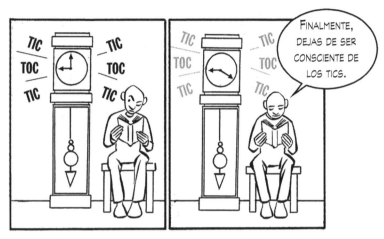

Este aprendizaje consistente en ignorar un estímulo es conocido como **habituación**. La humilde babosa de mar, **aplysia**, es capaz de adquirir hábitos. Cuando se le toca la cabeza con una varilla de vidrio, responde con un repliegue defensivo de sus branquias. Pero si esta secuencia se repite lo suficiente, la respuesta de repliegue de la branquia se convierte en hábito.

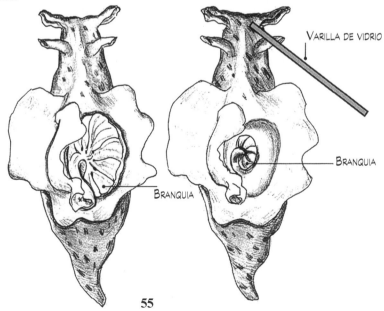

Volvamos a imaginar la habitación con el reloj ruidoso que has aprendido a ignorar. Supongamos que ahora se te dice que hay una bomba de relojería en las inmediaciones.

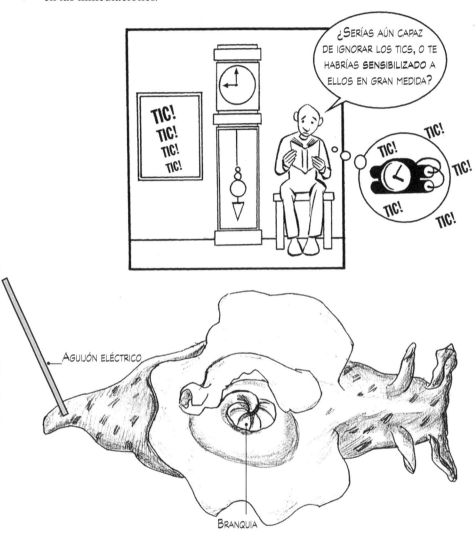

Si la aplysia está habituada al repliegue de la branquia y se le da al animal una pequeña descarga eléctrica en la cola, la respuesta del repliegue de la branquia vuelve con gran fuerza. La aplysia también muestra sensibilización.

La habituación y la sensibilización en el ejemplo humano provocan el uso de términos mentalistas como **aprender, atención** y **memoria**. Sin embargo, encontramos comportamientos similares en la aplysia, que posee meramente 5.000 neuronas.

Mentes simples 2: las ranas y los sapos

El ojo de la rana contiene células que solo se activan en respuesta a pequeños puntos oscuros que se mueven erráticamente. Seguramente no es coincidencia que las ranas intenten comerse una mosca en movimiento, pero mueran de hambre si están rodeadas de moscas muertas inmóviles.

SOLO UN ESTÍMULO MUY PARECIDO A UNA MOSCA AL VUELO ACTIVARÁ MI COMPORTAMIENTO CAZADOR.

Los **sapos** intentarán comer una cerilla que se mueve longitudinalmente, pero no muestran interés por una cerilla que se mueva en su extremo.

EN LO QUE A MÍ RESPECTA, CUALQUIER COSA DELGADA, ALARGADA Y EN MOVIMIENTO LONGITUDINALMENTE EQUIVALE A UN GUSANO, INDEPENDIENTEMENTE DEL COLOR, LA TEXTURA O LA RIGIDEZ.

Mentes simples 3: los pájaros

Cuando una **gaviota argéntea** adulta tiene un gusano en el pico, los jóvenes polluelos responden abriendo mucho la boca y piando de alegría. Esto podría parecer que es un comportamiento inteligente por parte de los pequeñuelos hambrientos que ven comida. Pero los polluelos de la gaviota argéntea no son demasiado inteligentes.

SIMPLEMENTE RESPONDEMOS AL PUNTO ROJO DEL PICO AMARILLO DE LOS ADULTOS.

Píntese de amarillo al punto rojo y los polluelos ignorarán la comida. Muéstreseles un pico vacío con un punto rojo y abrirán la boca y gritarán como antes. De hecho, un punto rojo brillante sobre un lápiz amarillo intenso provoca fuertes gritos y chillidos. Actúa como un **superestímulo**.

Las aves adultas no son más inteligentes que sus crías. Al regresar al nido después de buscar comida, empujan la comida en dirección a la boca **más grande** y **roja** del nido. El éxito de las crías de cuco se debe a que tienen bocas más grandes y gargantas más carmesí que las crías de la especie huésped en cuyos nidos se encuentran.

NO NOS DAMOS CUENTA DE QUE EL INTRUSO TIENE EL TAMAÑO Y EL COLOR EQUIVOCADO. LO ALIMENTAMOS DÁNDOLE PREFERENCIA POR ENCIMA DE NUESTROS PROPIOS POLLUELOS.

La **garganta** del polluelo de cuco es un **superestímulo** para el disparo del comportamiento alimentario del adulto.

Mentes simples 4: los seres humanos

Las exhibiciones de puntos luminosos demuestran que solo una pequeña fracción de la información disponible puede determinar la percepción y el comportamiento humanos. Se graba en vídeo de alto contraste a un actor con la cara negra, vestido de negro y con diodos que emiten luz colocados solo en cada **articulación** del cuerpo y los miembros. Cuando se reproduce la cinta, solo se ven las luces.

Mientras el actor está inmóvil, un espectador solo ve un conjunto aleatorio de luces. Pero tan pronto como se mueve, los observadores perciben **un patrón de movimiento específicamente humano**, caminar, correr, bailar o lo que sea.

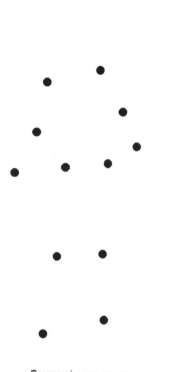

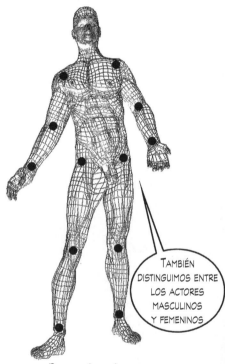

TAMBIÉN DISTINGUIMOS ENTRE LOS ACTORES MASCULINOS Y FEMENINOS

PERCEPCIÓN ESTACIONARIA

PERCEPCIÓN CINÉTICA

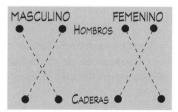

MASCULINO   FEMENINO
HOMBROS

CADERAS

La eliminación selectiva de las luces revela que la discriminación depende de la **proporción** entre el balanceo del **hombro** y el de la **cadera**. La proporción es mayor en los hombres porque sus hombros son relativamente más anchos que sus caderas.

Estos resultados muestran que nuestros sistemas visuales pueden reconocer a **miembros de la especie** y sus **géneros** independientemente de las características faciales, el pelo o la ropa, y con una información mínima sobre la forma del cuerpo. Los hombres balancean sus hombros cuando intentan enfatizar su masculinidad, y las mujeres balancean sus caderas cuando señalan su feminidad. Estos son intentos inconscientes de convertirse en un **superestímulo** para el **reconocimiento de género**.

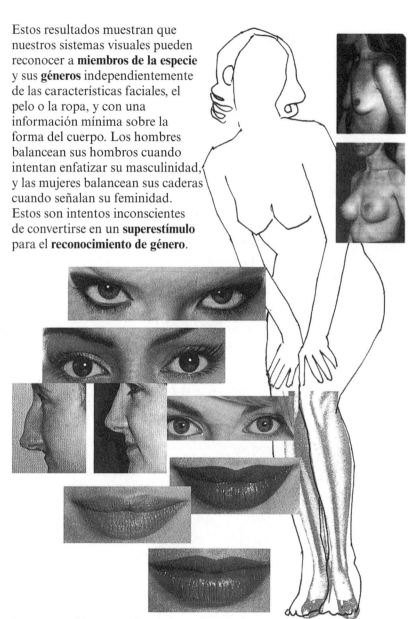

La exageración cosmética de los rasgos faciales (ojos, boca, mejillas) para lograr un efecto sexual es una tradición muy antigua y lucrativa. Sujetadores con relleno y elevadores, implantes de pecho, polisones y bañadores recortados que alargan ilusoriamente los glúteos y las piernas reflejan, sin duda, las preferencias culturales. Pero son todas exageraciones «glamurosas» de la naturaleza que testifican la susceptibilidad humana a los superestímulos.

Las mentes complejas y los ordenadores

Al igual que puede resultar que los comportamientos aparentemente inteligentes dependan de mecanismos relativamente simples, también puede ser que capacidades aparentemente simples puedan resultar extremadamente complejas.

En los primeros días de los **ordenadores**, la gente pensaba que sería fácil programarlos para reconocer **caras** y **palabras**.

TAMBIÉN CREÍAMOS QUE LAS MÁQUINAS NUNCA TENDRÍAN LA INTELIGENCIA SUFICIENTE PARA CUMPLIR CON LAS EXIGENCIAS INTELECTUALES DE JUGAR AL AJEDREZ O DEMOSTRAR TEOREMAS MATEMÁTICOS.

Gary Kasparov

El caso resulta ser exactamente lo contrario. Los ordenadores vencen ahora a los mejores jugadores de ajedrez y han diseñado nuevas demostraciones matemáticas. Sin embargo, cuando se trata de **caminar** y **reconocer** los ordenadores se quedan rezagados frente a las jóvenes crías de prácticamente cualquier especie que puedas nombrar. Ha sido un escarmiento descubrir que los problemas resueltos con orgullo por la inteligencia humana son la simplicidad en sí misma si los comparamos con los problemas resueltos por la **evolución**.

El lenguaje y el cerebro

Cualquier intento de comprender la relación entre el cerebro y la mente tiene que enfrentarse a la cuestión de si, o hasta qué punto, las *funciones mentales* se pueden localizar en áreas del cerebro *concretas*. El lenguaje ha aparecido notoriamente en este debate, y ningún otro atributo de la mente muestra más claramente tanto el poder como las limitaciones de un enfoque basado en la localización de la función cerebral.

A finales del siglo XIX, Broca y Wernicke establecieron un papel especial para el hemisferio izquierdo (HI) en el lenguaje (para las personas diestras).

LA CAPACIDAD DEL LENGUAJE NORMALMENTE SE CONSIDERA POR DESCONTADO. PERO ¿QUÉ OCURRE SI EXISTE UNA DISFUNCIÓN EN EL ÁREA HI DEL CEREBRO?

LOS DESÓRDENES DE LA FUNCIÓN CEREBRAL NOS DICEN MUCHO SOBRE EL LENGUAJE Y LA MENTE.

Los desórdenes del lenguaje: las afasias

Las afasias son desórdenes de la producción o comprensión del habla. Aquí examinamos los intentos de tres afásicos por describir una imagen. Cada uno sufre un tipo diferente de afasia. El primero padece **afasia de Broca**.

En contra de la doctrina clásica del mismo Broca, la deficiencia suele ser relativamente leve a no ser que el daño se extienda más allá del «área de Broca», en el **neocórtex**, que incluye estructuras **subcorticales** que coordinan el habla.

El habla requiere secuencias exquisitamente detalladas de movimientos que deben cumplir las restricciones de la **gramática** y de la **fonología** (por qué «weight» puede ser una palabra en inglés, pero no «thgiew»).

No es una coincidencia que los afásicos de Broca tengan problemas con los verbos más que con los nombres. Tiene sentido el que los medios para **nombrar** acciones (verbos) se encuentren almacenados en el mismo sector cortical que los medios para **controlar** las acciones. Aquí tenemos la intuición de un componente importante de la mente: el *movimiento* mismo.

El segundo tipo es la **afasia de Wernicke**.

Un afásico de Wernike ha perdido la *comprensión*. No entiende ni lo que dice ni lo que escucha. Pero al igual que se mantienen las estructuras de las frases y la entonación normales, también lo hacen otras **convenciones lingüísticas** como el lenguaje corporal y los turnos de palabra en una conversación.

CURIOSAMENTE, LOS USUARIOS DEL LENGUAJE DE SIGNOS QUE SUFREN UN INFARTO O ALGO DE ESTE GÉNERO EN EL ÁREA DE WERNICKE MUESTRAN EL MISMO PATRÓN DEFICIENTE DE SEÑALIZACIÓN Y COMPRENSIÓN DE SIGNOS.

EL DAÑO EN ESTE TIPO DE AFASIA SE CENTRA EN EL ÁREA DEL LÓBULO TEMPORAL QUE HE IDENTIFICADO.

Sin embargo, como en la afasia de Broca, la enfermedad tiende a ser relativamente leve a no ser que el daño se extienda hasta áreas adyacentes. Además, algunos individuos que parecen pertenecer a los casos de Broca o Wernike resultan tener el daño total en el área «incorrecta». Podría decirse que los dos desórdenes afásicos más famosos solamente merecerían que les diéramos **dos hurras por la localización**.

El tercer tipo es una **afasia anómica**.

El afásico anómico también produce sentencias gramaticalmente razonables, pero, ya que tiene dificultad a la hora de encontrar las palabras, duda y usa nombres indefinidos como «cosa».

Su problema es más agudo cuando tiene que nombrar objetos sin ningún contexto de uso o habla. Cuando se le muestra un **bolígrafo**, puede ser incapaz de nombrarlo.

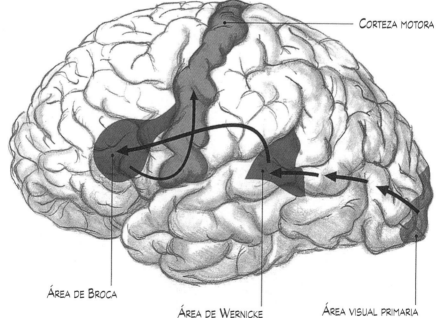

ÁREA DE BROCA

ÁREA DE WERNICKE

ÁREA VISUAL PRIMARIA

CORTEZA MOTORA

Hemos visto que la anomia para los verbos tiende a ir seguida de daños en las regiones frontales involucradas en el control de la acción. Del mismo modo, la anomia para los nombres resulta del daño del lóbulo temporal que desempeña un papel importante en el reconocimiento de objetos. La capacidad de **nombrar** objetos parece estar localizada cerca de la capacidad para **reconocerlos**. La lógica de esta distribución va incluso más allá.

Algunos anómicos pierden los nombres para categorías particulares, como las frutas, los animales o los **colores**.

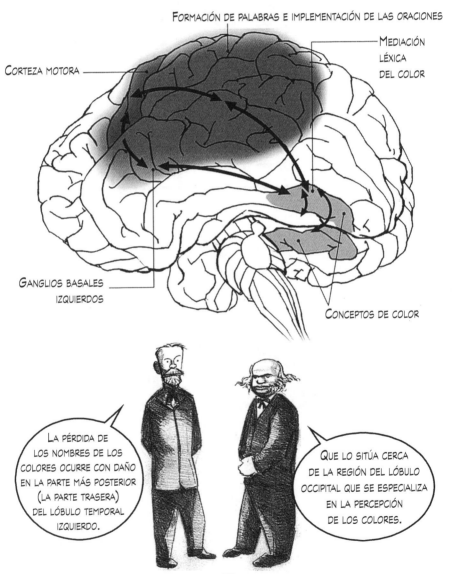

FORMACIÓN DE PALABRAS E IMPLEMENTACIÓN DE LAS ORACIONES

MEDIACIÓN LÉXICA DEL COLOR

CORTEZA MOTORA

GANGLIOS BASALES IZQUIERDOS

CONCEPTOS DE COLOR

LA PÉRDIDA DE LOS NOMBRES DE LOS COLORES OCURRE CON DAÑO EN LA PARTE MÁS POSTERIOR (LA PARTE TRASERA) DEL LÓBULO TEMPORAL IZQUIERDO.

QUE LO SITÚA CERCA DE LA REGIÓN DEL LÓBULO OCCIPITAL QUE SE ESPECIALIZA EN LA PERCEPCIÓN DE LOS COLORES.

70

Un modelo de uso del lenguaje

Wernicke sugirió un modelo de uso del lenguaje que intentara explicar las afasias y otros desórdenes del lenguaje. Cuando queremos expresar un pensamiento, las palabras para hacerlo se agrupan en el área de Wernicke y se envían, a través de un conjunto de fibras llamadas **fascículo arqueado**, al área de Broca. Aquí se ordena y envía la secuencia correcta de movimientos del habla a la corteza motora cercana que la transmite. El modelo de Wernicke es una secuencia: **pensamientos** en **palabras** en **sonidos** en **órdenes musculares**.

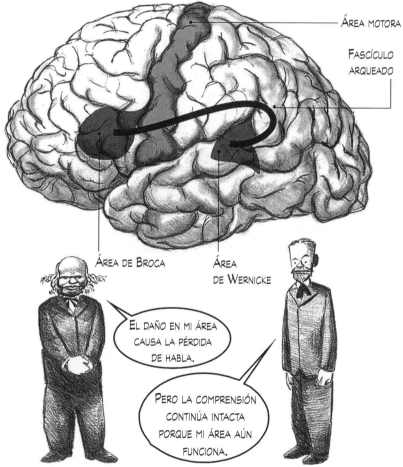

En la afasia de Wernicke la persona no puede traducir el pensamiento en lenguaje. Aún puede hablar, porque todavía funciona el área de Broca, pero lo que dice, en una gran parte, no tiene sentido.

El modelo de Wernicke es importante porque explica varios desórdenes lingüísticos. También muestra que el lenguaje implica la interacción de muchas áreas especializadas del cerebro. El lenguaje es demasiado complejo para estar localizado solamente en un centro.

Sin embargo, el modelo de Wernicke es demasiado simple para explicar todo el uso del lenguaje. Los investigadores modernos han encontrado de forma repetida que las formas severas de los desórdenes del lenguaje implican invariablemente tanto daño **subcortical**, como cortical. Una vez que nos damos cuenta de que el control de comportamientos bien practicados (hábitos) pasa por los centros subcorticales, la razón de esto se vuelve clara. Gran parte de la conversación diaria es **rutina**, y gran parte de nuestra habla y escucha se realiza **sin atención**.

PIENSA EN CÓMO A MENUDO HABLAMOS Y ESCRIBIMOS CON FRASES HECHAS, INCLUSO CUANDO PONEMOS EMPEÑO EN EVITARLAS.

«ESFORZARSE» ES UNA FRASE HECHA.

¡Y TAMBIÉN LO ES «FRASE HECHA»!

«SÍ, CARIÑO, POR SUPUESTO QUE ESTOY ESCUCHANDO LO QUE DIJO EL ENTRENADOR DE FÚTBOL».

La conversación normal solo requiere nuestra atención de forma intermitente. La vida es demasiado interesante para estar prestando atención al lenguaje todo el tiempo.

El lenguaje y *todo* el cerebro

Las imágenes cerebrales modernas nos permiten estudiar a las personas mientras llevan a cabo diferentes tareas lingüísticas. Estos estudios confirman que las zonas clásicas del lenguaje en el HI (hemisferio izquierdo) se encuentran ciertamente activas en el habla y en la comprensión; pero también muestra que se vuelven activas otras muchas regiones cerebrales, incluso en tareas relativamente simples.

SUGERÍ QUE EL HD PODRÍA DESEMPEÑAR UN PAPEL MÁS IMPORTANTE EN EL LENGUAJE DE LO QUE SE RECONOCÍA NORMALMENTE.

LOS ESTUDIOS MODERNOS MUESTRAN LO ACERTADO QUE ESTABA HUGHLINGS-JACKSON. EL DAÑO EN ADULTOS EN EL HD PUEDE DAR COMO RESULTADO VACILACIONES Y REPETICIONES EN EL HABLA.

TALES PERSONAS PUEDEN TAMBIÉN HABLAR DE FORMA MONÓTONA, CARENTE DE EMOCIÓN, QUE PUEDE RESULTAR MUY INQUIETANTE PARA FAMILIARES Y AMIGOS.

¿TIENES HORA?

NO, GRACIAS.

TAMBIÉN RECONOCEN CON DIFICULTAD LAS EMOCIONES Y LAS VOCES DE OTRAS PERSONAS.

El daño en el HD también perjudica la comprensión de rasgos del lenguaje mucho menos obvios, como las preguntas indirectas (por ejemplo, «¿tienes hora?», queriendo decir algo totalmente diferente), el sarcasmo, el humor y la metáfora. Estos déficits revelan cuán complejo es el lenguaje: otra clave importante para la «mente».

El lenguaje, la interpretación y la acción

Lee este enunciado:

«LA LANGOSTA EN LA DIECIOCHO ESTÁ A PUNTO DE REVENTAR».

Al principio, ese enunciado puede evocar imágenes surrealistas extrañas. Pero imagina un restaurante lleno con mesas numeradas; y una camarera acosada haciendo este comentario a otra. De repente, tiene sentido.

«LA LANGOSTA DE LA DIECIOCHO ESTÁ A PUNTO DE REVENTAR».

COMPRENDER EL HABLA NO ES SOLO RECONOCER PALABRAS Y ORACIONES.

TENEMOS QUE INTERPRETAR SU SIGNIFICADO Y LO QUE QUIERE DECIR EL HABLANTE.

El habla es una forma de acción.

Los hablantes piden, niegan, persuaden, informan, se jactan, y así sucesivamente. Los oyentes interpretan lo que se dice, y cómo se dice, a la luz de su conocimiento del lenguaje, del contexto físico y social efectivo, y de la personalidad, las intenciones y las dudas del hablante.

Tanto hablar como escuchar se basan en todo tipo de información recordada, en inferencias, en proyectar una determinada imagen de uno mismo, y así sucesivamente. No sorprende que el uso del lenguaje normal

El movimiento y la mente

El propósito del cerebro es producir *comportamiento*: es decir, *movimiento*. A pesar de que hablamos sobre sistemas motrices, prácticamente todo el cerebro se encuentra, en cierto sentido, involucrado en el control de los movimientos. Incluso esas áreas que se supone que están dedicadas a la sensación. Por ejemplo, es difícil caminar cuando tu pierna «se ha dormido». Sin una retroalimentación sensorial sobre «lo que están haciendo», los sistemas motrices no funcionan demasiado bien.

Sintonizar los movimientos

Tanto en el desarrollo evolutivo como en el individual, el control de los movimientos se expande hacia afuera desde el cuerpo hasta los miembros, y por los miembros hasta los dedos. El bebé en el vientre materno realiza movimientos del cuerpo completo. Poco después del nacimiento sus miembros hacen movimientos de agitación bruscos.

En semanas, tiene el control suficiente como para recoger objetos con un brazo.

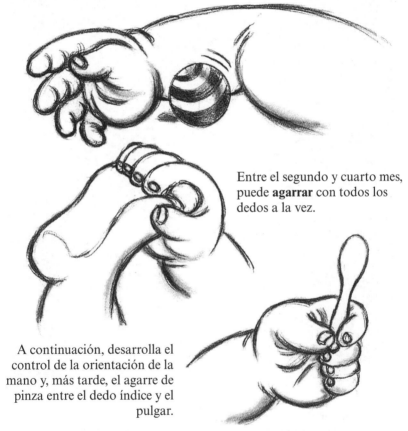

Entre el segundo y cuarto mes, puede **agarrar** con todos los dedos a la vez.

A continuación, desarrolla el control de la orientación de la mano y, más tarde, el agarre de pinza entre el dedo índice y el pulgar.

El desarrollo de movimientos torpes a finos sigue un principio de **sintonización inhibitoria**. Los movimientos finos dependen de las mismas órdenes que los brutos, pero reducen el rango de aplicación. Se puede ver esto al intentar doblar uno de los dedos mientras los demás se mantienen estirados. Para el dedo índice no es demasiado difícil. Se vuelve más difícil con los dedos que se usan con menos frecuencia para acciones voluntarias. La sintonización inhibitoria es lo que gradualmente «esculpe» las agitaciones bruscas del bebé hasta lograr acciones controladas con detalle.

Dos sistemas de control del movimiento motor

Coger un objeto implica dos componentes:

Estos componentes están controlados por fibras motoras separadas que recorren desde el cerebro hasta la médula espinal: el tracto de fibras **extrapiramidal** y el tracto de fibras **piramidal**.

Las lesiones en uno u otro perjudican el componente del movimiento correspondiente.

Por ejemplo, el daño en el tracto **piramidal descendente** reduce la eficiencia en **agarrar**, pero tiene poco efecto en la sincronización o eficacia de la **extensión** del brazo.

movimiento ilustra la noción de los **niveles de control**.
se encuentra el **control medular**. Este cubre los reflejos
reflejo de la rodilla), que mantiene el tono muscular
rogramación espinal de los **patrones de movimientos** c
l caminar erguido.

NIVEL MÁS ALTO SE
L **CONTROL VOLUNTARIO**
MOVIMIENTOS CUIDADOSOS
PARA QUITAR UNA ASTILLA
DE TU MANO.

ESTOS CONTROLES REQUIEREN
COORDINACIÓN PRECISA Y DEPENDEN
DE LA RETROALIMENTACIÓN SENSITIVA
DE LA VISIÓN, EL TACTO
Y EL DOLOR.

¡FÍJATE EN
LO QUE ESTÁS
HACIENDO!

extremos existen muchas gradaciones de automatici
n. La respiración normal no se aprende y es en gran p
ientras que caminar se aprende con dificultad, pero se
mático. Las compulsiones incluyen tics, las necesidade
e y bostezar, y diversos impulsos de tocar. Veamos aho
an estas gradaciones en el sistema motor.

El sistema motor

Las gradaciones de la automaticidad reflejan los niveles de control en el sistema motor: la **médula espinal**, el **tronco encefálico**, el **cerebelo**, los **ganglios basales** y las **áreas motoras corticales**.

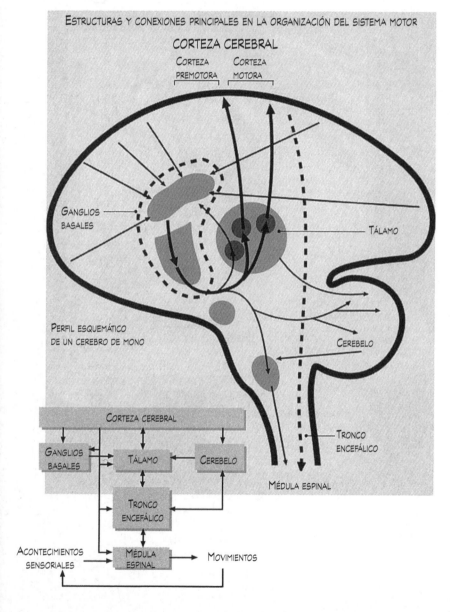

ESTRUCTURAS Y CONEXIONES PRINCIPALES EN LA ORGANIZACIÓN DEL SISTEMA MOTOR

Daño en el sistema motor

Donde quiera que se originen, todas las formas de movimiento se expresan en última instancia como el disparo de **neuronas motoras** en el **tronco encefálico** y en la **médula espinal**. Su destrucción tiene como resultado la parálisis de las correspondientes partes del cuerpo.

El mundialmente conocido cosmólogo Stephen Hawking sufre una enfermedad neuronal motora.

LA «MELODÍA DEL MOVIMIENTO» DE UNA PERSONA SANA.

En el siguiente nivel de control se encuentra el **cerebelo**. El daño en este nivel conlleva una variedad de consecuencias. Los defectos incluyen pérdida de la capacidad de aprender nuevos movimientos, trastorno de la postura, movimientos espasmódicos, incapacidad de realizar movimientos rítmicos y alteración de la secuencia de movimientos. El cerebelo parece desempeñar diferentes funciones. Almacena secuencias de movimientos especializados, añade un ajuste y sincronización finos a los movimientos seleccionados en otras partes, y los compone en la **melodía del movimiento** del individuo sano.

Las funciones de los **ganglios basales** (GB) son igual de complejas que las del cerebelo. Las personas con la enfermedad de Parkinson, caracterizada por un temblor y una incapacidad para iniciar movimientos, tienen una escasez de dopamina en los GB. Las anormalidades en los GB también acompañan a la enfermedad de Huntington, una enfermedad degenerativa con síntomas que incluyen muecas involuntarias, espasmos y torsiones corporales.

Una teoría afirma que los GB son responsables de la fuerza, dirección, alcance y duración de los movimientos. Los errores a la hora de calcular la fuerza necesaria para realizar un movimiento pueden traducirse en un fallo en la iniciación, como sucede en la enfermedad de Parkinson. O puede conducir a una iniciación excesiva seguida de diferentes supercompensaciones, llegando a producir la agitación grotesca del que sufre la enfermedad de Huntington.

La destrucción del mayor centro motor, la **corteza motora primaria**, tiene como resultado la pérdida de movimientos especializados y delicados, en particular, de las manos y de los dedos. Esto es así debido a que las fibras **piramidales**, que controlan las manos, se originan en la corteza motora.

TANTO EL APRENDIZAJE COMO LA MEMORIA DE LAS SECUENCIAS MOTORAS CASI NO SE VEN ALTERADAS POR EL DAÑO EN LA CORTEZA MOTORA.

LAS SECUENCIAS APRENDIDAS AÚN PUEDEN LLEVARSE A CABO, A PESAR DE QUE SU EJECUCIÓN SEA UN POCO TORPE.

Presumiblemente, el *aprendizaje* del movimiento y la *memoria* del movimiento se *gestionan* en el cerebelo.

Los orígenes del movimiento voluntario

La lesión en la parte posterior del **lóbulo parietal izquierdo** da lugar a que surja una **apraxia ideomotora**. Las personas con esta condición tienen dificultades para realizar movimientos y gestos. El problema es menos severo en el uso de objetos específicos («muéstrame cómo usar un martillo»), especialmente si el objeto se encuentra de hecho presente.

Es una condición más severa para el caso de gestos simbólicos, como saludar. En particular, cuando estos se tienen que realizar fuera de su contexto social normal.

Lo que se pierde es la capacidad de realizar movimientos voluntarios que no son provocados por el entorno.

El lóbulo parietal izquierdo puede desempeñar un papel en el movimiento voluntario porque se encuentra cercano a los centros del lenguaje.

De acuerdo con **Lev Vygotsky** (1896-1934), la acción voluntaria comienza como algo compartido entre un niño y un adulto. Los dos prestan atención al mismo objeto y el adulto da instrucciones que el niño aprende a obedecer.

A continuación, a medida que aprende a hablar, el niño usa las mismas órdenes habladas para controlar su propio comportamiento. Escuchar a escondidas a un niño que está solo de tres o cuatro años revela largos períodos de autoinstrucción. Sin embargo, con la edad, el habla dirigida a uno mismo se internaliza (aunque puede ser el caso de que esto ocurra más en culturas alfabetizadas en las que hablar con un mismo no está bien visto).

La propiocepción y el yo corporal

Debido a que el control del movimiento ocurre a muchos niveles, el sistema motor es indulgente con los daños que ocurren en un solo lugar. Las estructuras intactas son siempre capaces de realizar algún movimiento residual. Es irónico que una de las pérdidas más devastadoras del movimiento provenga de un defecto **sensorial**.

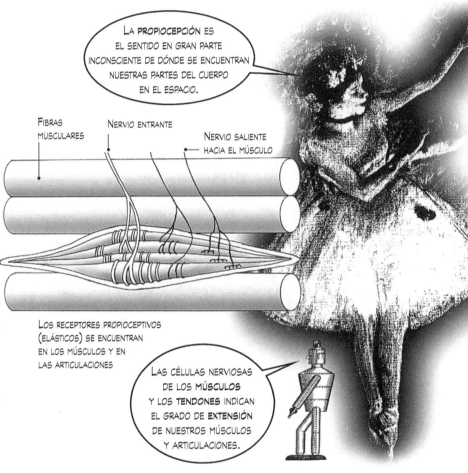

LA PROPIOCEPCIÓN ES EL SENTIDO EN GRAN PARTE INCONSCIENTE DE DÓNDE SE ENCUENTRAN NUESTRAS PARTES DEL CUERPO EN EL ESPACIO.

FIBRAS MUSCULARES

NERVIO ENTRANTE

NERVIO SALIENTE HACIA EL MÚSCULO

LOS RECEPTORES PROPIOCEPTIVOS (ELÁSTICOS) SE ENCUENTRAN EN LOS MÚSCULOS Y EN LAS ARTICULACIONES

LAS CÉLULAS NERVIOSAS DE LOS MÚSCULOS Y LOS **TENDONES** INDICAN EL GRADO DE **EXTENSIÓN** DE NUESTROS MÚSCULOS Y ARTICULACIONES.

«**¿Quién soy?**» es también una cuestión corporal de «**¿dónde estoy?**».

Ocasionalmente, la enfermedad o la sobredosis vitamínica extingue la propiocepción. Esto produce una pérdida total del **sentido del cuerpo** y, con él, del **yo corporal**. La persona se siente incorpórea y, por tanto, no puede generar movimientos. La pérdida del sentido del cuerpo enseña otra importante lección sobre la conexión entre el *movimiento* y la *mente*.

Los olores y las emociones

El **sistema límbico**, a veces conocido como el **cerebro emocional**, tiene un papel importante en la experiencia y en la expresión de las emociones. El sistema límbico evolucionó inicialmente para evaluar los olores.

Algunos de los principales elementos del sistema límbico.

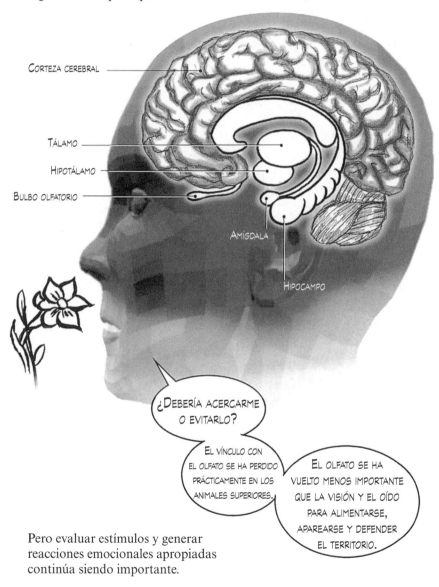

CORTEZA CEREBRAL

TÁLAMO

HIPOTÁLAMO

BULBO OLFATORIO

AMÍGDALA

HIPOCAMPO

¿DEBERÍA ACERCARME O EVITARLO?

EL VÍNCULO CON EL OLFATO SE HA PERDIDO PRÁCTICAMENTE EN LOS ANIMALES SUPERIORES.

EL OLFATO SE HA VUELTO MENOS IMPORTANTE QUE LA VISIÓN Y EL OÍDO PARA ALIMENTARSE, APAREARSE Y DEFENDER EL TERRITORIO.

Pero evaluar estímulos y generar reacciones emocionales apropiadas continúa siendo importante.

Reacción emocional

Cuando estás feliz o enfadado, tu sistema límbico está activo. Los **ataques epilépticos** confinados en el sistema límbico producen reacciones emocionales fuertes, que varían del terror a la euforia.

La estimulación límbica con electrodos produce manifestaciones emocionales en los animales. Mientras que el daño al sistema conduce a la pérdida del comportamiento emocional normal.

Las emociones son complejas y pueden involucrar muchas áreas cerebrales además del sistema límbico. Los estudios sobre el **miedo** ilustran este hecho.

La anatomía del miedo

Si un animal aprende a presionar una palanca para obtener comida y, a continuación, recibe una **descarga eléctrica**, ocurren dos cosas. El pulso cardíaco del animal se acelera, e ignora la palanca por un tiempo. Estas son dos medidas de **miedo no aprendido**.

Si, a continuación, se empareja un **tono** con la descarga durante varias pruebas, entonces cuando el tono suena sin descarga, causará tanto el aumento del pulso cardíaco como la supresión de pulsar la palanca. Aquí, las dos medidas muestran **miedo aprendido** (o **condicionado**) al tono.

Simetría del temor

Si se realiza una pequeña lesión en una cierta región del hipotálamo del animal, su pulso cardíaco deja de elevarse cuando suena el tono, pero seguirá sin presionar la palanca. La lesión suprime la expresión del miedo aprendido, pero no la otra. Sin embargo, si el animal recibe otra descarga, sin que suene el tono, entonces mostrará tanto el cambio del pulso cardíaco no aprendido como la supresión no aprendida de pulsar la palanca.

Y por lo que respecta al cambio del pulso cardíaco, circuitos diferentes transportan los miedos aprendidos y desaprendidos.

Esto puede parecer complicado. **Es** complicado. También es una característica de las relaciones entre el cerebro y el comportamiento; o entre el cerebro y la *mente*. Nos encontraremos con muchos más ejemplos de este tipo. He aquí otro relacionado con la emoción del miedo.

Aprendizaje subcortical

La información de los ojos y los oídos viaja primero hasta el **tálamo** y, de ahí, a las áreas visuales y auditivas de la corteza. Se pensaba que las visualizaciones y los sonidos se experimentaban y reconocían **primero** en estas áreas corticales. La información sobre lo que se había reconocido se suponía, **entonces**, que se enviaba al sistema límbico para obtener una reacción emocional: «¿Esto es bueno o malo?».

Sin embargo, se ha descubierto que, además de esta ruta indirecta (tálamo → corteza → amígdala), existe una ruta directa desde el tálamo hasta la amígdala.

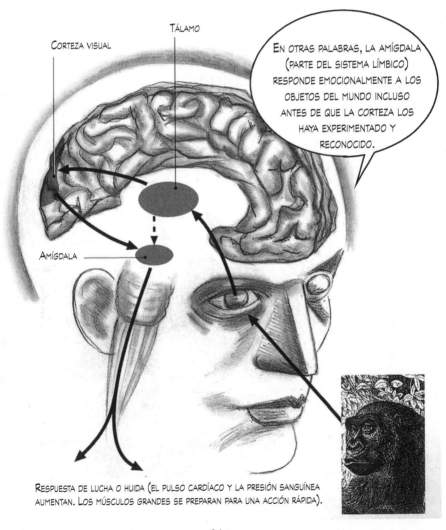

CORTEZA VISUAL

TÁLAMO

AMÍGDALA

EN OTRAS PALABRAS, LA AMÍGDALA (PARTE DEL SISTEMA LÍMBICO) RESPONDE EMOCIONALMENTE A LOS OBJETOS DEL MUNDO INCLUSO ANTES DE QUE LA CORTEZA LOS HAYA EXPERIMENTADO Y RECONOCIDO.

RESPUESTA DE LUCHA O HUIDA (EL PULSO CARDÍACO Y LA PRESIÓN SANGUÍNEA AUMENTAN. LOS MÚSCULOS GRANDES SE PREPARAN PARA UNA ACCIÓN RÁPIDA).

RING!!
RING!!
RING!!

APRENDE...
UNA REACCIÓN EM...
SIN LA REPRESE...
CORTICAL DEL S...

...ala y las otras estructuras límbicas perciben, recuerdan ...
..., como presumiblemente hacen en los animales inferiore...
...corteza cerebral.

...os los polluelos de la gaviota argéntea que aparentemer...
...ida. Sus comportamientos probablemente surgen de un...
...milar. Tienen circuitos cerebrales que responden al simp...
...unto rojo sobre algo amarillo, no a la forma compleja d...

e forma similar, muchos animales exhiben respuestas de inmovilización o
uida ante el movimiento de nubes que pasan o ramas que se mueven. Los
rcuitos están ahí para detectar los movimientos de potenciales depredado
e disparan con facilidad por los estímulos inapropiados.

Así pues, ¿también los humanos muestran aprendizaje emocional sin
mplicación cognitiva consciente? Esto podría explicar por qué nuestras
espuestas emocionales a veces parecen innecesarias. Una respuesta
emocional fuerte hacia un extraño puede ser una reacción aprendida
hacia alguna característica que este comparte con una persona que

Las emociones «izquierda» y «derecha»

Sería erróneo suponer que solo el sistema **límbico** desempeña un papel en las emociones. Después de todo, a veces tenemos reacciones emocionales fuertes solo tras haber usado nuestro neocórtex para pensar de **forma consciente** sobre un giro de los acontecimientos o una conversación.

Mira las caras dibujadas debajo. Céntrate primero en la nariz de la cara de la izquierda y, a continuación en la de la derecha y decide cuál parece más feliz.

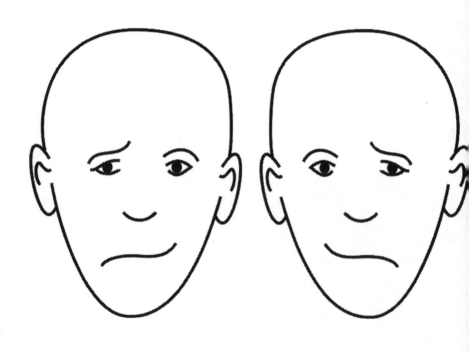

A pesar de que son imágenes especulares una de la otra, la mayoría de la gente dice que la cara de la derecha parece más feliz.

Esto es así porque la mitad **izquierda** de cada cara la ve primero el **hemisferio derecho** (HD) de tu cerebro, que está especializado en procesar caras. Tu juicio sobre las emociones de cada cara está determinado en mayor medida por la información del lado izquierdo de cada imagen que por la información del lado derecho.

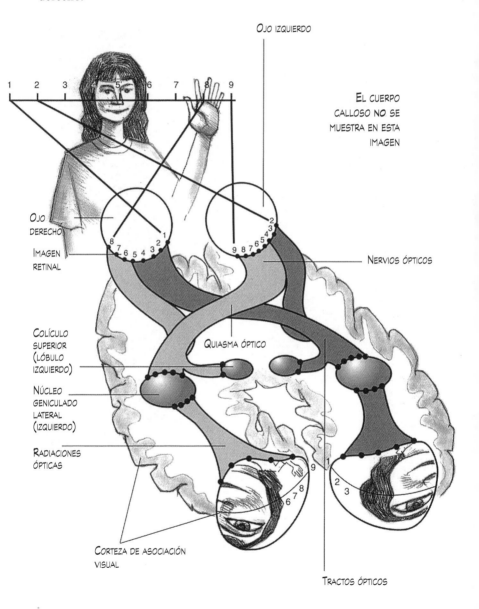

Ojo izquierdo

El cuerpo calloso no se muestra en esta imagen

Ojo derecho

Imagen retinal

Nervios ópticos

Colículo superior (lóbulo izquierdo)

Núcleo geniculado lateral (izquierdo)

Quiasma óptico

Radiaciones ópticas

Corteza de asociación visual

Tractos ópticos

El tono emocional

El HD también desempeña un papel más importante que el HI a la hora de juzgar el tono emocional de las voces. La gente con la afasia de Wernicke proveniente de una lesión en el HI ya no entiende el lenguaje. Sin embargo, juzgan el tono emocional del hablante mejor que las personas **normales** o que aquellas con lesiones en el HD.

DADO QUE NO LOS DISTRAE EL SIGNIFICADO DE LO QUE SE DICE, QUE NO COMPRENDEN, SON MEJORES A LA HORA DE JUZGAR CÓMO SE DICE.

EL DOCTOR ESTÁ DE MAL HUMOR HOY.

También hay diferencias entre hemisferios en lo que se refiere a la generación de emociones. El **HI** parece estar conectado con emociones más positivas que el **HD**. Las personas con daño en el **HI** tienden a desarrollar **depresión**, mientras que los que tienen dañado el **HD** tienden más a una **alegría maníaca**. En ambos casos el hemisferio no dañado ya no se encuentra restringido por su gemelo, y muestra sus verdaderos colores emocionales.

Emoción y razón

Las emociones se han considerado a veces un bochorno intelectual: una herencia de nuestra «naturaleza animal».

LAS EMOCIONES SON ESTADOS DEL CUERPO, MIENTRAS QUE LOS PENSAMIENTOS SON ESTADOS DE LA MENTE O DEL ALMA.

LA EMOTIVIDAD SE CONSIDERA UN MEDIO MÁS PRIMITIVO PARA LIDIAR CON EL MUNDO QUE LA RACIONALIDAD.

LAS EMOCIONES TIENEN QUE SER SUPRIMIDAS EN ARAS DE ALCANZAR LA RACIONALIDAD PURA.

Inmanuel Kant (1724-1804)

Plato (428-348 BC)

Pero, a menos que la mente racional sea un regalo divino (algo más allá de nuestra naturaleza biológica), esto no es aceptable. El pensamiento y la emoción son ambas cosas expresiones de la *actividad cerebral* y deben ser mutuamente interdependientes como cualquier función corporal.

Las emociones implicadas en las decisiones

El **sistema límbico** tiene fuertes conexiones con los **lóbulos frontales**. Cuando se dañan estas conexiones, las personas pueden mostrar sorprendentemente poco deterioro intelectual. Sin embargo, sus vidas personales, sociales y profesionales se desmoronan. El problema reside en su *toma de decisiones*. Enfrentados a un problema que necesita una decisión, analizan y evalúan todas las alternativas, a menudo con excesiva profundidad, y puede que finalmente tomen su decisión por motivos irrelevantes. Tomemos el ejemplo de un paciente al que se le preguntó qué día quería ver a su médico...

Pueden hablar racionalmente, distinguir lo que es socialmente aceptable de lo que no, pero no parecen **sentir** sus propias valoraciones emocionales a nivel visceral. Pueden incluso comentar que, a pesar de que **saben** lo que deberían sentir, no **tienen** conscientemente esos sentimientos.

El estudio de estas personas ha dejado claro que las emociones son una parte importante del razonamiento y toma de decisiones normales. Cuando una persona normal se enfrenta a un problema, simplemente no se preocupa de considerar muchas de las posibles soluciones. Solo escogen para la consideración consciente las posibles soluciones para las que tienen el «sentimiento correcto».

Los problemas triviales no se analizan indefinidamente, simplemente porque no merece la pena el coste de un prolongado examen de conciencia. La gente con lesiones en estas áreas de los lóbulos frontales que reciben *inputs* del límbico parecen perder esta guía emocional de sus procesos de pensamiento.

La memoria nos hace flexibles

Las emociones pueden servir para guiar el razonamiento, pero originalmente deben haber guiado comportamientos automáticos, haciéndolos más flexibles. Una reacción emocional no específica, como una respuesta de sobresalto, puede servir como función de alarma general, preparando a un animal para algún tipo de acción.

LA EVALUACIÓN EMOCIONAL DE UN ESTÍMULO COMO «BUENO» O «MALO» VA UN PASO MÁS ALLÁ AL PROVEER DE ENERGÍA LAS ACCIONES DE ACERCAMIENTO O EVASIÓN.

RING!!
RING!!
RING!!

ADEMÁS, TENER EMOCIONES PROPORCIONA UNA BASE PARA EL APRENDIZAJE Y LA MEMORIA SIMPLES.

Considérese la rata que escucha un sonido poco antes de recibir una descarga. Este produce un miedo no aprendido y, a través del **condicionamiento**, el sonido pasa a provocar miedo aprendido. Ahora bien, cuando la rata escucha el sonido, quiere escapar. Su comportamiento es más flexible porque ya no tiene que esperar a la descarga real para «saber lo que hacer».

Este tipo de aprendizaje es especialmente importante para animales que exploran el mundo a través del olfato. Detectan a distancia comida, compañeros y depredadores potenciales, a menudo mucho antes de establecer contacto visual. Esto implica que pueden comenzar a buscar cómo escapar de la fuente del olor a tiempo. También son capaces de condicionamiento basado en emociones, pueden adquirir un amplio repertorio de respuestas de acercamiento y evasión. Esto permite un comportamiento más flexible que si todas sus respuestas estuvieran «cableadas» desde el nacimiento.

Para el novelista **Marcel Proust** (1871-1922), el sabor de un té y una tarta particulares abrieron los recuerdos de todo un pasado.

Por tanto, no es sorprendente que cerca del sistema límbico, que comenzó como un «cerebro del olfato» y evolucionó hasta un «cerebro emocional», se encuentre un área de la corteza que sea importante en el aprendizaje y la memoria. Esta es la **corteza rinal** en la superficie interior inferior de los **lóbulos temporales**.

Lo que nos dice la amnesia sobre la mente

El daño de la corteza rinal en ambos hemisferios causa pérdida de memoria severa o **amnesia**. La característica principal del **síndrome amnésico** es una ausencia devastadora de memoria para los acontecimientos ocurridos desde que se produjo la lesión (amnesia **retrógrada**).

Los amnésicos pueden parecer perfectamente normales durante un breve tiempo, pero no durante mucho. Olvidan información y acontecimientos en minutos.

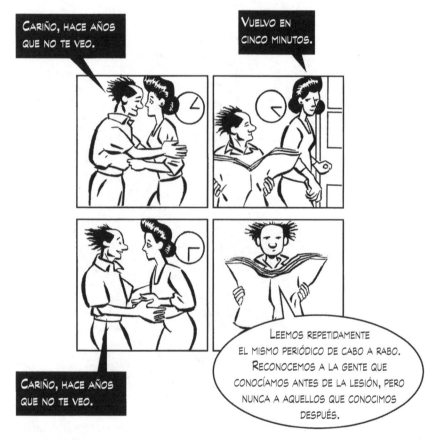

Los amnésicos viven de forma permanente en el momento presente, son incapaces de recordar tanto su pasado reciente como sus previsiones del futuro. Es como si estuvieran permanente en el estado de quien acaba de despertar.

N.B. A pesar de que hay individuos que olvidan «quiénes son», este *no* es el significado usual de «amnesia».

Dos tipos de memoria

Puesto que los amnésicos pueden recordar acontecimientos del pasado lejano, pero no del reciente, esto sugiere que la corteza rinal debe estar involucrada en el **almacenamiento** de nuevos recuerdos más que en su **recuperación**. Sin embargo, incluso los pacientes amnésicos severos pueden almacenar ciertos tipos de nuevos recuerdos. Esto se aplica a las capacidades **procedimentales** (cómo), tales como teclear o patinar. Los amnésicos pueden ser casi igual de buenos que la gente normal al adquirir nuevas capacidades procedimentales.

También muestran **aprendizaje perceptivo** y **memoria** normales.

¿QUÉ ES ESTO?

Ejemplos del aprendizaje perceptivo son aprender a identificar especies de flores o pájaros, reconocer cuándo un pastel tiene la consistencia adecuada, o escuchar si la sincronización de un motor suena bien. Las demostraciones del laboratorio de aprendizaje perceptivo implican, a menudo, imágenes de puzles, como en el que se muestra encima. ¿Puedes ver lo que es?

La memoria con y sin emociones

Como muchas imágenes, como las radiografías, las imágenes de puzles tienen que ser interpretadas. Una vez que las personas han aprendido a ver esas imágenes «de forma correcta», nunca olvidan «cómo hacerlo». Los amnésicos se desempeñan igual de bien, aunque al volver a someterlos a prueba pocas horas o días después nieguen haber visto nunca esas imágenes.

NUNCA LA HE VISTO ANTES: PERO ES LA IMAGEN DE UNA VACA...

Parece, por tanto, que la corteza rinal procesa la memoria de nuevos **episodios** que se han experimentado, pero no la memoria de **nuevos procedimientos**. Esto parece lógico.

- Los episodios en nuestras vidas hacen surgir *emociones*.
- El sistema límbico es crucial en la *experiencia emocional* y se encuentra junto a la corteza rinal.
- La corteza rinal es importante para la *memoria de episodios vitales*.

Tiene sentido recordar acontecimientos que son emocionalmente
excitantes porque es probable que sean importantes para nosotros.
Por esta razón, las mismas sustancias neuroquímicas cuya liberación
en el flujo sanguíneo pone al cuerpo en alerta también instruyen
al cerebro para que almacene un registro duradero del momento.

En contraste con la memoria para **episodios autobiográficos**, las memorias
procedimentales (cómo) no están cargadas emocionalmente. A pesar de
que nos da placer ejercitar con éxito nuestras habilidades procedimentales,
o nos frustramos por sus fracasos, estas emociones se asocian a *episodios
individuales* del uso de la capacidad, más que a la capacidad procedimental
misma.

Los animales desarrollaron la memoria de capacidades motoras mucho
antes de que las emociones aparecieran en escena. Piénsese en la aplysia
que es capaz de habituación y sensibilización. Tales ejemplos sugieren que
la memoria de las capacidades motoras se almacenará en estructuras
cerebrales relativamente antiguas de nivel inferior. Este resulta ser el caso.

La localización de los recuerdos

Un ejemplo proviene del condicionamiento del parpadeo en conejos. Un soplo de aire (UCS) dirigido al ojo causa un parpadeo reflejo (UCR). Si el soplo viene acompañado de un sonido (CS) durante muchos ensayos, entonces tienen lugar eventualmente parpadeos condicionados (OR) en respuesta al sonido aislado. Una pequeña lesión en el cerebelo suprime el parpadeo condicionado, pero no afecta el reflejo del parpadeo al soplo de aire. El **rastro de la memoria** para el parpadeo condicionado se encuentra en el cerebelo.

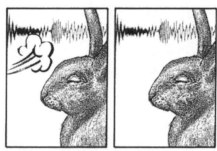

Los amnésicos también muestran condicionamiento del parpadeo. Si en un día ocurre el emparejamiento del sonido y el soplo de aire, y al día siguiente se prueba con el sonido aislado, el amnésico muestra la respuesta del parpadeo condicionado al sonido, pero niega cualquier recuerdo de los ensayos de condicionamiento. Las personas con daño cerebeloso, por contra, pueden recordar los ensayos de condicionamiento, ¡pero nunca adquieren el parpadeo condicionado!

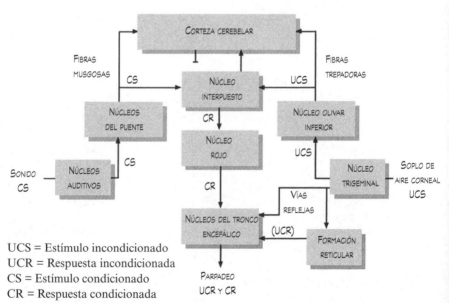

UCS = Estímulo incondicionado
UCR = Respuesta incondicionada
CS = Estímulo condicionado
CR = Respuesta condicionada

106

En los años 30 del pasado siglo, el neuropsicólogo **Karl Lashley** (1890-1958) intentó localizar la sede de la memoria entrenando a ratas en tareas simples y eliminando, a continuación, diferentes porciones de sus cerebros.

DESCUBRÍ QUE CUANTO MÁS TEJIDO ELIMINABA, PEOR SE VOLVÍA EL RENDIMIENTO.

PERO NO HABÍA NINGÚN SITIO CUYA ELIMINACIÓN ERRADICARA POR COMPLETO LA MEMORIA PARA UNA TAREA PARTICULAR.

Estos resultados condujeron a Lashley a adoptar una perspectiva holista de la función cerebral. Estaba en lo cierto respecto de que no existe un único lugar para la memoria, pero equivocado sobre el holismo. Los recuerdos **residen** en circuitos específicos, a veces incluso en componentes particulares de un circuito. Pero las memorias son mucho más complejas de lo que se pensaba, como veremos a continuación.

La complejidad de la memoria

Por ejemplo, un pollo picoteará un abalorio brillante. Cúbrase el abalorio con un líquido que sepa mal y el pollo dejará de picotear. El pollo ha desarrollado una aversión. Esto parece que fuera un único recuerdo. Sin embargo, resulta que el pollo ha aprendido realmente *tres* aversiones: a la forma, al sabor y al brillo del abalorio.

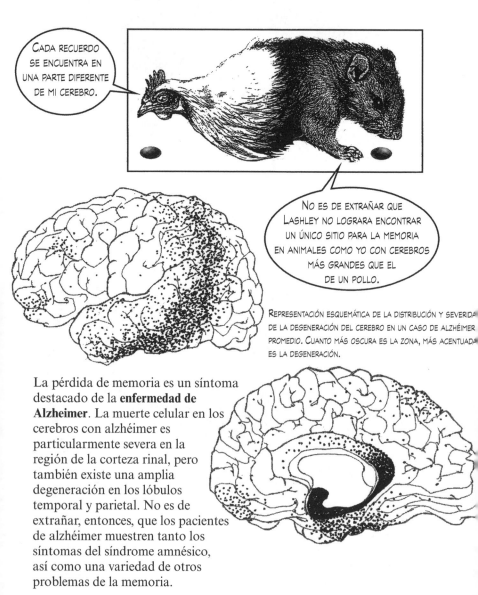

REPRESENTACIÓN ESQUEMÁTICA DE LA DISTRIBUCIÓN Y SEVERIDAD DE LA DEGENERACIÓN DEL CEREBRO EN UN CASO DE ALZHÉIMER PROMEDIO. CUANTO MÁS OSCURA ES LA ZONA, MÁS ACENTUADA ES LA DEGENERACIÓN.

La pérdida de memoria es un síntoma destacado de la **enfermedad de Alzheimer**. La muerte celular en los cerebros con alzhéimer es particularmente severa en la región de la corteza rinal, pero también existe una amplia degeneración en los lóbulos temporal y parietal. No es de extrañar, entonces, que los pacientes de alzhéimer muestren tanto los síntomas del síndrome amnésico, así como una variedad de otros problemas de la memoria.

Sentir y ver

Como otros animales, los humanos aprenden sobre el mundo a través de sus sentidos. Tradicionalmente había **cinco sentidos**. El gusto y el olfato están íntimamente relacionados con el sistema límbico, situado en lo profundo del cerebro. Los sentidos de la visión, el oído y el tacto están muy representados en las cortezas (a pesar de que también están conectados con las estructuras cerebrales inferiores). Las regiones de la corteza a donde primero llega la información de los sentidos son las **áreas sensoriales primarias**.

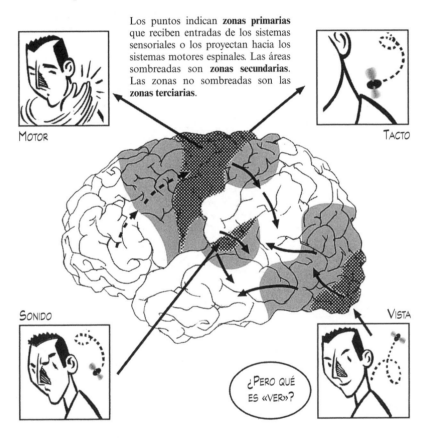

Los puntos indican **zonas primarias** que reciben entradas de los sistemas sensoriales o los proyectan hacia los sistemas motores espinales. Las áreas sombreadas son **zonas secundarias**. Las zonas no sombreadas son las **zonas terciarias**.

MOTOR

TACTO

SONIDO

VISTA

¿PERO QUÉ ES «VER»?

Es tentador equiparar el ver con nuestra experiencia de un mundo de objetos familiares con localizaciones y colores específicos. Esta es una visión de muy alto nivel.

Ningún otro animal tiene un conocimiento tan visual del mundo como lo tenemos nosotros, porque ninguno tiene tanta corteza dedicada al análisis de la información a la luz.

La anatomía de la visión

En su forma más simple, ver es meramente el registro de la luz y cierta reacción ante ella. Muchas criaturas que viven bajo las rocas muestran respuestas de evasión ante la luz. Nuestros propios sistemas visuales incluyen funciones de bajo nivel. Hay siete vías conocidas que van de la retina hasta el cerebro. Las vías hacia la **glándula pineal** y el **núcleo supraóptico** regulan los ritmos corporales en respuesta al ciclo diario de la luz y la oscuridad. El resto de nuestro sistema visual de alto rendimiento evolucionó a través de adiciones a tales humildes orígenes.

El resto de esta sección sobre la visión trata solamente de la vía principal desde la retina hasta la corteza visual primaria (también conocida como **área visual 1** [V1], además de otros nombres). Contiene muchas veces más axones que todas las demás vías juntas y tiene sus propios elementos componentes.

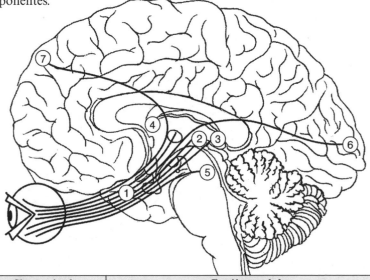

	Sistema visual	Función postulada
1	Núcleo supraóptico	Controla los ritmos diarios (dormir, alimentarse, etc.) en respuesta a los ciclos día-noche
2	Pretectum	Produce cambios en el tamaño de la pupila en respuesta a los cambios de intensidad de luz
3	Colículo superior	Orientación de la cabeza, particularmente hacia objetos en los campos visuales periféricos
4	Cuerpo pineal	Ritmos circadianos prolongados
5	Núcleos accesorios del tracto óptico	Mueve los ojos para compensar los movimientos de cabeza
6	Corteza visual	Patrón, percepción, percepción de profundidad, visión de color, seguimiento de objetos en movimiento
7	Campos oculares frontales	Movimientos del ojo voluntarios

Cada mitad del campo visual conecta el V1 con el **hemisferio opuesto**. En cerebros normales el HI y el HD comparten información sobre las dos mitades del campo visual mediante el enorme haz de fibras conocido como el **cuerpo calloso**.

La información de la retina viaja a través de una parte del tálamo llamada el **núcleo geniculado lateral** (NGL) hasta la corteza visual primaria, V1. Los puntos que están juntos los unos a los otros en la retina se conectan con células que se encuentran juntas unas a las otras en V1, y lesiones en V1 causan un punto ciego (**escotoma**). Las células en V1 también se conectan de vuelta con el NGL, y este **tráfico neural de doble sentido** es característico del sistema visual y del cerebro como un todo.

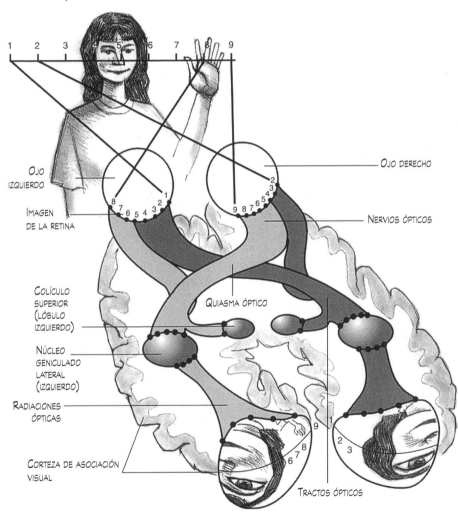

Áreas visuales: colores, direcciones y formas

V1 es solo la primera de muchas áreas visuales «iniciales» del **lóbulo occipital**. Las células en V1 se conectan con células en V2, que se proyectan entonces hacia diversas áreas visuales conocidas como V3, V3A, V4 y V5. Las células en V4 incrementan su disparo en respuesta a **colores específicos**, mientras que las de V5 responden a objetos en movimiento, en **direcciones** particulares. Las células en V3 y V3A responden a líneas en **orientaciones particulares** (vertical, 5° en el sentido de las agujas del reloj, 10° en el sentido de las agujas del reloj, etc.). que les permite analizar la **forma**.

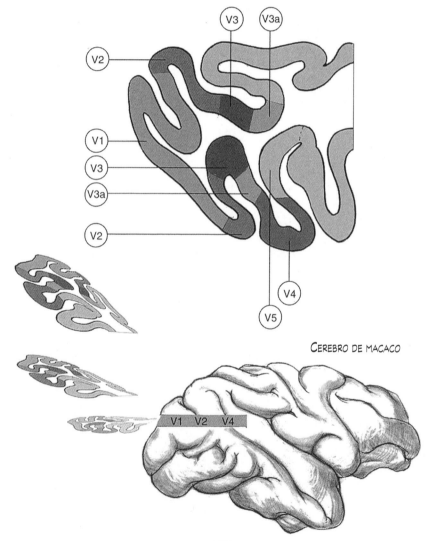

CEREBRO DE MACACO

112

Pérdida del color

Los estudios de **imágenes cerebrales** muestran que V4 se activa cuando las personas ven patrones con color y que el movimiento activa V5. Además, las lesiones en V4 causan una pérdida de la visión en color. Esto se denomina **acromatopsia**: es diferente del daltonismo ordinario.

Si la V4 de solo un hemisferio sufre daño (daño **unilateral**), entonces la mitad opuesta del mundo aparece en blanco y negro...

... y el mismo lado continúa estando a color.

Cuando el daño es **bilateral**, el paciente no solo se vuelve ciego al color por completo, sino que también es incapaz de recordar o imaginar colores. El color deja de existir como una **categoría de experiencia**.

Ceguera al movimiento

La lesión en la V5 produce la extraña condición de «ceguera al movimiento». La persona continúa viendo las formas y los colores, pero la experiencia de los objetos en movimiento se vuelve algo así como ver una serie de fotografías fijas. Un objeto que se aproxima va creciendo y acercándose a saltos discretos, haciendo difícil, por ejemplo, cruzar una calle con seguridad.

Visión de nivel superior

Solo los primeros procesos de la visión tienen lugar en los **lóbulos occipitales**. Los lóbulos **temporal**, **parietal** y **frontal** también contienen muchas áreas que están involucradas en los procesos relacionados con la visión. De hecho, se necesita bastante coraje para mirar siquiera una representación de todas las áreas visuales conocidas y sus interconexiones.

Tres vías visuales principales abandonan los lóbulos occipitales. Conectan el lóbulo temporal (vía inferior), el surco temporal superior (vía media), y el lóbulo parietal posterior (vía superior). Cada flujo procesa ciertos tipos de información visual.

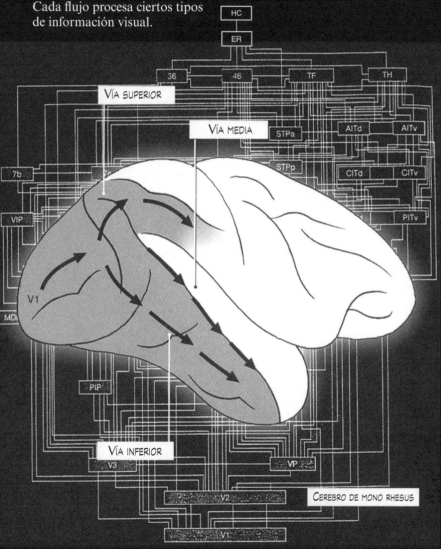

CEREBRO DE MONO RHESUS

La vía visual inferior:
los efectos de las lesiones en el reconocimiento

Las células en el lóbulo temporal son quisquillosas con respecto a aquello a lo que responden. Muchas de ellas aumentan su cadencia de disparo ante rostros, incluso ante rostros concretos. A otras les gustan los objetos concretos, por ejemplo, las manos. Estos descubrimientos obtenidos mediante registros de electrodos en monos reciben un fuerte apoyo de los estudios sobre personas cuyo reconocimiento visual se ha visto afectado por lesiones en el lóbulo temporal.

La incapacidad para reconocer objetos se denomina **agnosia de objetos**. Existen muchos tipos. En la **agnosia de forma**, la persona ve el color, la profundidad y el contorno, pero solo percibe partes, no objetos completos.

Es como si su atención saltara de un fragmento a otro del contorno, sin ser capaz de juntar las piezas.

Tales personas no pueden dibujar una copia de lo que tienen enfrente de ellas, sin embargo, pueden ser capaces de dibujar de memoria la misma forma.

En la **simultagnosia**, los objetos se perciben y se reconocen, pero solo uno cada vez. La persona no puede juntar varios objetos en una escena y entenderla. Cuando dos objetos que puede reconocer aislados se presentan superpuestos, la persona en cuestión tiene la dificultad de separarlos visualmente para reconocerlos.

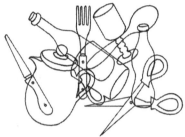

En la **agnosia asociativa**, los pacientes describen o dibujan con exactitud escenas visuales y objetos, pero se produce un fallo de reconocimiento. La persona no puede dar el nombre o el uso de un guante o un tenedor. Puede conocer la categoría superior a la que pertenece el objeto (ropa o cubertería) sin saber qué es (guante o tenedor). A pesar de ello, puede saber si un objeto es real o imaginario.

En la **prosopagnosia**, el problema se encuentra en el reconocimiento de caras familiares, incluyendo, a menudo, la propia. Un prosopagnósico continúa reconociendo voces. También puede describir una cara que ha visto, incluso «leer» su expresión emocional, pero no puede dar el salto a la identidad desde solo la cara. Parece que el **flujo de procesamiento inferior** se ha **desconectado** de un sentido emocional de familiaridad generado en el sistema límbico.

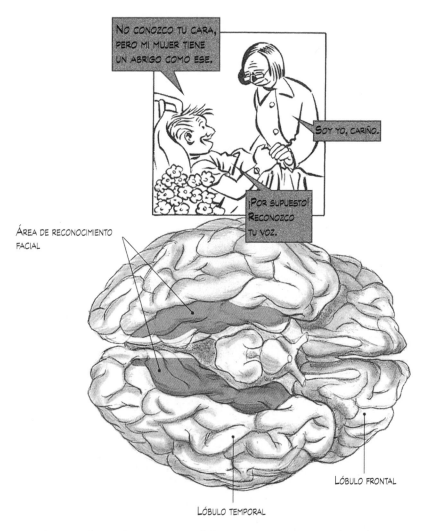

A pesar de que los prosopagnósicos no **reconocen conscientemente** caras familiares, muestran el aumento normal en la emoción corporal hacia ellos (¡un aumento en dulzura!).

Además, cuando se les pide aprender a emparejar caras con nombres famosos (que reconocen), aprenden más rápido los emparejamientos verdaderos que los falsos.

Albert Einstein   Diego Maradona

Estos resultados muestran que los propopagnósicos aún disponen de reconocimiento **emocional** y reconocimiento **identitario**, probablemente en su vía visual superior. Estos dos tipos de reconocimiento, sin embargo, se han desconectado de la experiencia visual consciente. El fallo ocasional de este tipo de conexión puede estar detrás de las no infrecuentes experiencias de *déjà vu* (familiaridad sin reconocimiento) y *jamais vu* (reconocimiento sin familiaridad), las cuales son ambas frecuentes durante episodios de **epilepsia del lóbulo temporal**.

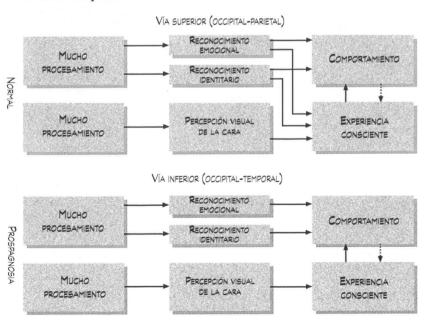

119

Una prueba de reconocimiento

La prosopagnosia es especialmente probable tras un daño en el lóbulo temporal derecho. La ilustración siguiente permite al lector experimentar por sí mismo el papel espacial del HI en el reconocimiento facial: la prueba de las «caras divididas».

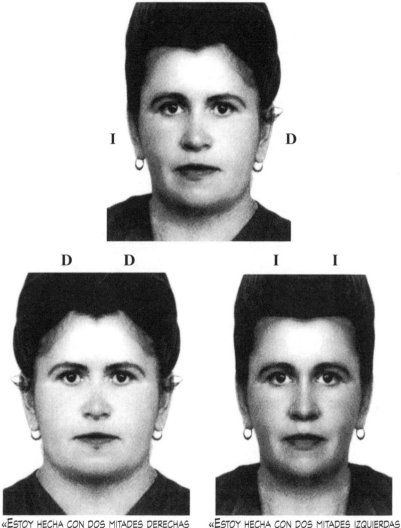

«ESTOY HECHA CON DOS MITADES DERECHAS DE LA CARA SUPERIOR».

«ESTOY HECHA CON DOS MITADES IZQUIERDAS DE LA CARA SUPERIOR: LA GENTE DICE QUE ME PAREZCO MÁS A ELLA».

La mitad izquierda de cada cara la ve tu HD (ver págs. 114-115), que desempeña un papel más importante en el reconocimiento facial que tu HI.

La vía visual media:
las posiciones espaciales relativas

La vía visual media desde el lóbulo occipital hasta el surco temporal superior es un descubrimiento reciente. No se conoce bien todavía, pero puede que desempeñe un papel en la percepción de las **posiciones espaciales relativas** de los objetos. La **simultagnosia** podría implicar que hay daño en esta vía, ya que si solo puedes ver un objeto de cada vez, de ahí se sigue que no es posible juzgar las posiciones relativas. El apoyo a esta idea proviene del descubrimiento de que muchos simultagnósicos tienen dificultades para «orientarse» en entornos familiares.

A MENUDO ENCONTRAMOS MEJOR NUESTRO CAMINO SI CERRAMOS LOS OJOS Y TRABAJAMOS DE MEMORIA.

La vía visual superior: los efectos del daño parietal

Los estudios con monos han mostrado que muchas células del lóbulo parietal posterior solo se disparan cuando, por ejemplo, tratamos de **alcanzar** un objeto. Estas células pueden codificar la información necesaria para **actuar sobre** objetos en lugar de **percibirlos**. Por ejemplo, para coger un libro necesitas «saber» (no de una forma consciente necesariamente) su posición en relación contigo mismo, su tamaño, forma y, probablemente, peso.

En el síndrome de **Bálint**, las personas que sufren una lesión parietal pueden reconocer objetos con precisión (usando su vía inferior), pero no pueden alcanzarlos con precisión. Estos pacientes, a menudo, no son capaces de colocar su pulgar e índice con una apertura apropiada cuando intentan coger un objeto.

Tampoco logran rotar sus muñecas en el ángulo correcto cuando se les pide «introducir» sus manos en una ranura, incluso aunque sean capaces de identificar adecuadamente su inclinación.

La vía inferior es responsable de la **percepción visual consciente**. El flujo de procesamiento superior es responsable de la **acción visualmente guiada** sobre objetos, que es, en gran parte, inconsciente. Los dos flujos de procesamiento se conectan ciertamente el uno con el otro, probablemente a través de las cortezas límbica y rinal. Pero hay evidencia espectacular de que pueden operar de forma independiente cuando se trata de un individuo con **agnosia de forma**.

Esta mujer puede ver destellos de luz y hacer una muy buena discriminación del color. Puede identificar rápidamente las letras de madera al tacto, pero es completamente incapaz de hacerlo con la vista. A pesar de esto, no choca con cosas y puede coger pelotas y palos que se le tiren. Puede alcanzar objetos y, al cogerlos, hacer una pinza del tamaño adecuado.

Esto muestra que el flujo superior tiene un control independiente de las acciones **irreflexivas**. Sin embargo, cuando se tiene que usar una acción para informar de lo que ve conscientemente, entonces la cooperación entre flujos intactos es esencial.

Esta sección ha presentado una pequeña fracción de lo que sabemos sobre la percepción visual en relación con la mente. Sucede que el sistema visual funciona de formas muy sorprendentes.

Los espacios mentales

Una lesión en los **lóbulos parietales**, especialmente en el **derecho**, perjudica la realización de muchas pruebas de **capacidad espacial**. Parte de la evidencia más impresionante de que la mitad derecha del cerebro está especializada en capacidades espaciales proviene de personas con **síndrome calloso** (o **cerebro dividido**). Los miembros de este pequeño grupo han sufrido todos ellos una epilepsia extrema. Sus ataques comienzan en un lado del cerebro y se extienden al otro lado a través de 200 millones de fibras del **cuerpo calloso**.

CUERPO CALLOSO   CORTEZA CEREBRAL

COLÍCULO SUPERIOR

COLÍCULO INFERIOR

COMISURAS COLICULARES   CEREBELO

TÁLAMO

SECCIÓN CORONAL

CORTAR EL CUERPO CALLOSO CONTIENE (O DETIENE) LOS ATAQUES EN SOLO UNO DE LOS HEMISFERIOS.

Esta operación produce sorprendentemente pocos cambios en el comportamiento cotidiano y reduce notablemente la frecuencia y severidad de los ataques.

Un descubrimiento muy curioso es que después de la operación, las personas que eran diestras dibujaban mejor con su mano **izquierda** (el desempeño con cualquier mano es peor que antes de la operación). Esto se produce porque la mano izquierda está controlada por el HD y la mano derecha por el HI. En cerebros intactos, los dos hemisferios comparten sus capacidades y conocimiento a través del cuerpo calloso, con lo que ambos contribuyen a los movimientos de la mano derecha.

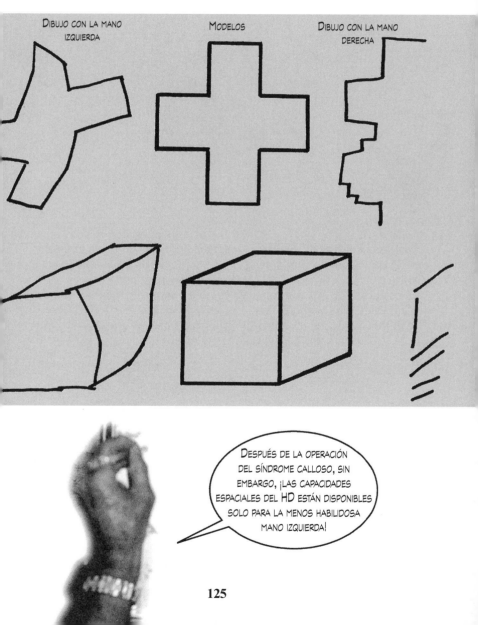

DIBUJO CON LA MANO IZQUIERDA

MODELOS

DIBUJO CON LA MANO DERECHA

DESPUÉS DE LA OPERACIÓN DEL SÍNDROME CALLOSO, SIN EMBARGO, ¡LAS CAPACIDADES ESPACIALES DEL HD ESTÁN DISPONIBLES SOLO PARA LA MENOS HABILIDOSA MANO IZQUIERDA!

La capacidad espacial superior del HD también aparece en una prueba en la que se deben colocar bloques coloreados de acuerdo con un patrón específico. Las personas con síndrome calloso lo hacen mejor y más rápido con la mano izquierda que con la derecha.

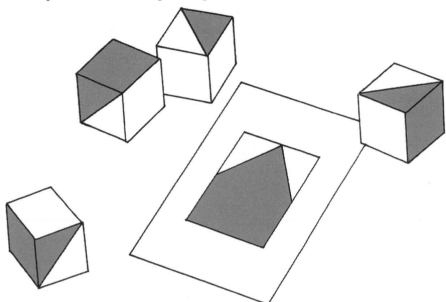

De forma consistente con esto, las personas que padecen una lesión en el HD muestran un peor desempeño en la prueba de los bloques que los que tienen lesión en el HI. Esto puede deberse a una forma de perturbación espacial conocida como **trastorno de omisión izquierdo**. Esta condición se adquiere tras una lesión en el HD, particularmente en el lóbulo parietal derecho (también ocurre el trastorno de omisión derecho tras una lesión en el HI, pero es menos frecuente).

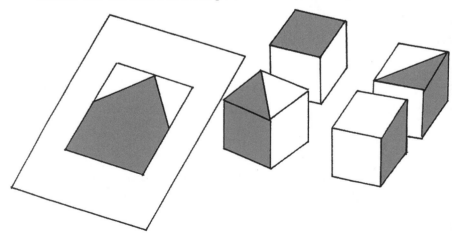

Una persona con trastorno de omisión izquierdo puede ser incapaz de vestir el lado izquierdo de su cuerpo o comer los alimentos que están en el lado izquierdo de su plato. En la cama, puede que se gire constantemente hacia la derecha, cayéndose de la cama a menos que se le pongan barreras en el lateral.

En una prueba de diagnóstico estándar, la persona tiene que tachar todas las líneas de una página. Las personas con trastorno de omisión se olvidan de hacerlo en muchas líneas de la parte izquierda.

Espacios visuales, motores e imaginarios

Las personas con trastorno de omisión **no** son ciegas para la parte izquierda del espacio; pueden informar sobre cuál es una letra mostrada rápidamente en la parte izquierda. Sin embargo, generalmente ignoran el espacio izquierdo. ¿Se debe esto a que tienen dificultad para prestar atención a la izquierda o porque no pueden hacer movimientos motores hacia ese lado con facilidad? El tachado de líneas exige que hagan *ambas* cosas, y los experimentos muestran que tienen *ambos* problemas. La omisión se puede aplicar tanto al **espacio visual** como al **espacio motor**. Esto ya parece bastante complicado, ¡pero es aún peor!

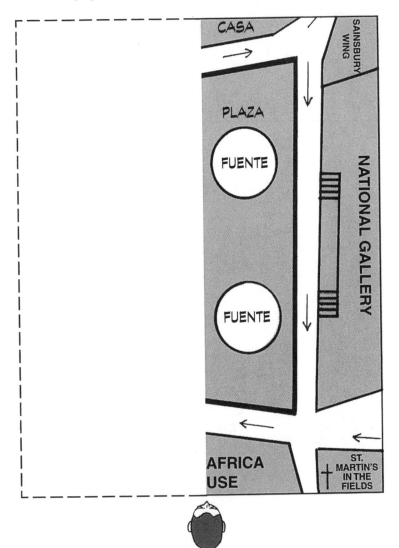

128

Supongamos que a alguien con trastorno de omisión se le pide que describa de memoria o que dibuje, digamos, Trafalgar Square vista desde un lado. Su descripción omite toda mención del lado izquierdo de la plaza. Si luego describe la plaza vista desde el lado opuesto, ahora incluye todos los detalles previamente omitidos, pero omite todos los incluidos previamente. ¡Así que el descuido se aplica no solo a los espacios perceptivos y motores, sino también al **imaginario**.

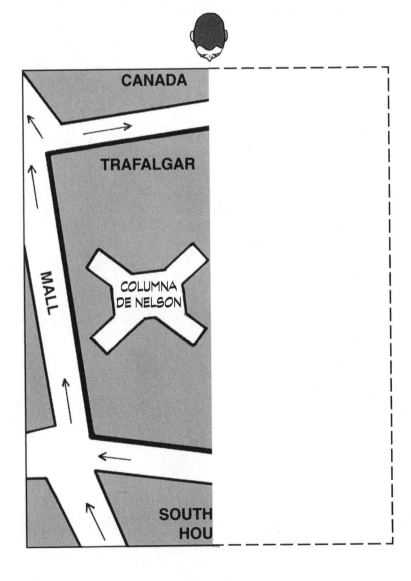

Las representaciones del espacio

Parece que el HD, y especialmente el lóbulo parietal derecho, se especializa de alguna manera en construir **representaciones** del espacio. Todas las pruebas que requieren que una persona con omisión espacial izquierda establezca diferentes tipos de representación pueden mostrar omisión izquierda.

Las personas usan muchos tipos de representaciones espaciales (normalmente de forma inconsciente).

CUANDO, EXTENDIENDO EL BRAZO, INTENTAMOS ALCANZAR UN OBJETO, LO QUE NECESITAMOS SABER ES LA POSICIÓN RELATIVA DEL OBJETO RESPECTO A NOSOTROS MISMOS. UNA REPRESENTACIÓN DEL ESPACIO EGOCÉNTRICO.

CUANDO CAMINAMOS ENTRE DOS OBJETOS, LO QUE NECESITAMOS ES CONOCIMIENTO DE SUS POSICIONES RELATIVAS DE UNO RESPECTO AL OTRO: UNA REPRESENTACIÓN ALOCÉNTRICA (DEL OTRO) DEL ESPACIO.

OTRO TIPO DE REPRESENTACIÓN ESPACIAL ES LO QUE SE CONOCE COMO UN MAPA COGNITIVO.

BIBLIOTECA

DULCES

CORREOS

CASA

Este plano se refiere a la disposición de lugares y objetos, y a las rutas que hay entre ellos. Los mapas cognitivos incluyen detalles de localizaciones que no son observables en el momento presente; sin embargo, muchos animales, incluyendo las ratas, los poseen.

Los mapas cognitivos están estrechamente asociados con una estructura límbica, el **hipocampo**.

El hipocampo toma su nombre de un supuesto parecido a un caballo de mar mitológico.

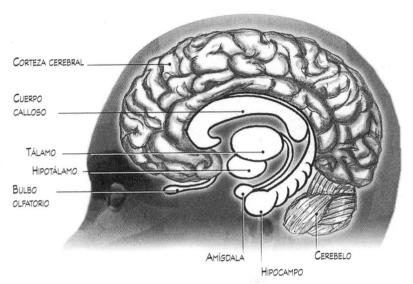

CORTEZA CEREBRAL

CUERPO CALLOSO

TÁLAMO
HIPOTÁLAMO
BULBO OLFATORIO

AMÍGDALA   CEREBELO

HIPOCAMPO

Las personas que sufren una lesión en el hipocampo tienen dificultades para orientarse. Algunas de ellas, si se quedan en sus propias casas, pueden habérselas con su entorno familiar. Sin embargo, un cambio del lugar donde viven, quizás por necesitar atención en una residencia médica, los desorienta para siempre.

Otros pierden incluso sus mapas cognitivos que estaban establecidos desde hacía mucho tiempo y tienen dificultad para ir de habitación en habitación en su propia casa.

Claramente, hay mucho que aprender sobre cómo se relacionan la mente y el cerebro con el espacio.

La atención y la mente

Si la mente lleva a cabo acciones en el(los) espacio(s) mental(es), al igual que lo hace el cuerpo en el espacio físico, entonces los estudios modernos sobre la atención ilustran atractivos paralelismos entre estos mundos interior y exterior.

En algunos animales, los movimientos completos del cuerpo se sustituyen por la sola orientación de sus **aparatos sensores**. Los perros giran sus orejas hacia una fuente de sonido y muchos animales mueven sus ojos para fijarse (centrarse) en los cambios en el entorno.

En los humanos, y al menos en otros primates, la atención puede convertirse en un acto puramente *mental*. Podemos prestar atención a algo que está fuera del punto objeto de nuestro enfoque.

Este puede ser el origen de nuestra capacidad para engañar, y también para repasar en la imaginación una serie de recuerdos que elegimos o de futuros posibles.

Experimentos con la atención

Los experimentos con señales demuestran la separación entre la atención y la fijación. Supongamos que estás mirando fijamente a un cuadrado central en una pantalla de ordenador. En el cuadrado aparece brevemente bien una señal direccional (< o >) o una señal neutra (+).

A continuación, se ilumina brevemente un cuadrado objetivo, a la izquierda o a la derecha del cuadrado central, y hay que presionar un botón de respuesta tan rápido como sea posible.

El tiempo de reacción es más rápido cuando la señal direccional apunta hacia la dirección del objetivo subsiguiente (señal válida), que cuando hay solo una señal neutra.

En otras palabras, la señal cambia la atención hacia **donde aparecerá el objetivo subsiguiente**, y esto se considera como una respuesta más rápida. Y, al contrario, si la señal indica en la dirección equivocada (señal inválida), el tiempo de reacción es más lento que en el caso de los intentos neutros. Estos acontecimientos ocurren demasiado rápido como para poder hacer movimientos oculares. Los efectos dependen del movimiento de un *foco de atención interno*.

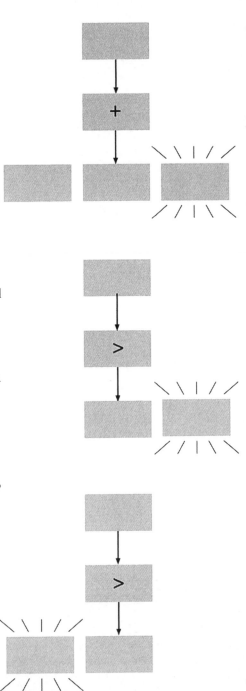

La red atencional

Una red de áreas cerebrales (**lóbulos parietales, pulvinares y colículos superiores**) parece mediar en la atención espacial. Las imágenes cerebrales revelan una actividad incrementada en los lóbulos parietales durante los cambios espaciales de la atención, y las lesiones a la parte trasera de estos lóbulos perjudica esos cambios.

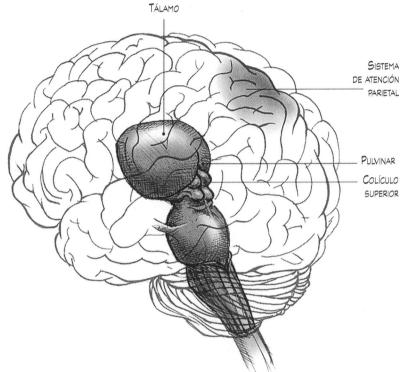

TÁLAMO

SISTEMA
DE ATENCIÓN
PARIETAL

PULVINAR
COLÍCULO
SUPERIOR

Podemos considerar que el hecho de *prestar atención* a un objeto es el equivalente mental de *cogerlo*. Hasta ahora hemos reflexionado solo sobre el componente de **alcance** o espacial. También se puede considerar el componente del agarre. Cuando alcanzamos un objeto, nos encontramos con que nuestra mano lo alcanza ya con la forma lista para agarrarlo. La conformación preparatoria está controlada, de forma inconsciente, por la vía visual superior.

135

El agarre mental

En la atención visual la mente también «agarra» un objeto para
el cual la han preparado los procesos inconscientes. Cuando se mira
hacia las figuras de más abajo, no se ve una amalgama de líneas
y parches inconexos. Ves formas individuales tridimensionales.

Los componentes de la atención como alcanzar y agarrar se conocen como atención **basada en el espacio** y **basada en el objeto**. Podemos ver la diferencia pidiéndole a una persona con omisión espacial izquierda que cancele las líneas que forman dos bloques separados en una hoja de papel. Con un único bloque, la persona ignora todas las líneas del espacio izquierdo. Sin embargo, con bloques separados, cancela algunas de las líneas de la **parte derecha** del **bloque izquierdo**. De forma similar, normalmente cancelaría todas las líneas en el espacio derecho al que está prestando atención. Sin embargo, con bloques separados, ignora algunas líneas del **lado izquierdo** del **bloque derecho**.

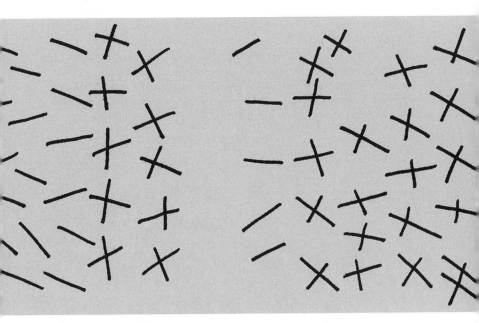

La persona en cuestión muestra dos tipos de omisión izquierda. La omisión del lado izquierdo del espacio implica atención basada en el espacio. La omisión del lado izquierdo de los objetos implica atención basada en el objeto (en este ejemplo, un **bloque** de líneas es un objeto de percepción). Ambos tipos de omisión se aplican al bloque izquierdo, con lo que la mayoría de sus líneas se ignoran. Solo se aplica la omisión basada en el objeto al bloque derecho, con lo que la mayoría de sus líneas están canceladas.

Actualmente, se piensa que la lesión en el flujo de procesamiento superior (occipital → parietal) causa omisión basada en el espacio, mientras que la lesión en el flujo de procesamiento inferior (occipital → temporal) resulta en omisión basada en el objeto.

¿Qué es la consciencia?

La palabra «consciencia» tiene múltiples significados. Tengamos en cuenta que cuando dormimos estamos **inconscientes**, y que, sin embargo, en el sueño mientras dormimos nuestras experiencias visuales y emocionales son vívidamente conscientes. El primer sentido de «consciencia» se refiere a un estado de vigilia o excitación. El segundo identifica la «consciencia» con una experiencia sensorial y emocional.

Varias estructuras del tronco encefálico controlan la consciencia en el sentido de vigilia. Incluyen la **formación reticular**, el **puente troncoencefálico**, los **núcleos del rafe** y el **locus cerúleo**. La estimulación de la formación reticular aumenta la vigilia y su destrucción induce al **coma**. Por el contrario, las lesiones en los núcleos del rafe conducen al **insomnio**. Sin embargo, la actividad de ambas estructuras está normalmente modulada por el locus cerúleo y el puente troncoencefálico. La consciencia como vigilia está controlada por una red de centros.

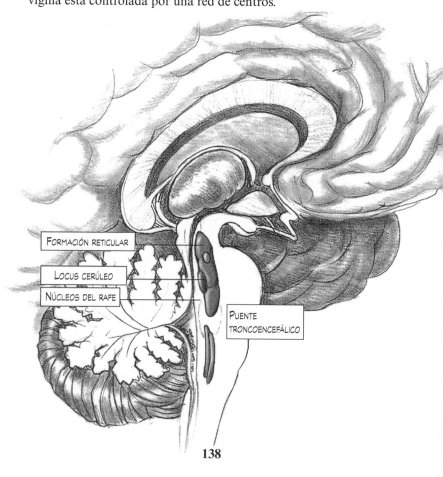

FORMACIÓN RETICULAR

LOCUS CERÚLEO

NÚCLEOS DEL RAFE

PUENTE TRONCOENCEFÁLICO

La **consciencia** entendida como **experiencia sensorial** plantea muchos rompecabezas. El daño en una región concreta del área visual V1 produce una isla de ceguera en el campo visual, un **escotoma**. Si se enciende un destello de luz en el escotoma de una persona, esta no lo identifica, a pesar de que sí lo hace con normalidad fuera de él. Alguien que tenga un **escotoma** es tan poco consciente de él como lo somos de los puntos ciegos de nuestros ojos.

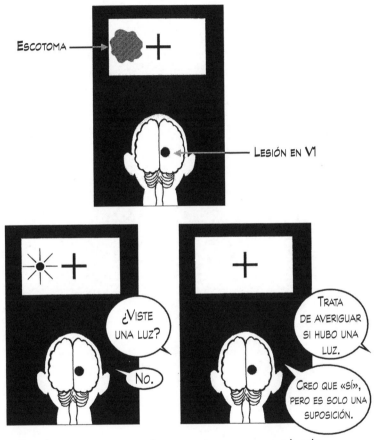

Sin embargo, curiosamente, a pesar de que no tengamos experiencia consciente de los destellos de luz en un escotoma, las personas pueden ser capaces de informar con precisión sobre si hubo una luz o no en una prueba en particular. Cuando se les dice, se muestran incrédulos, y se les tiene que persuadir de que ha sido así.

Pero también pueden discriminar entre líneas horizontales y verticales, y entre objetivos estáticos y en movimiento. Todo ello mientras están convencidos de que están simplemente haciendo conjeturas. Este fenómeno se llama **visión ciega**.

La visión ciega

La visión ciega se debe en parte a un conjunto disperso de fibras
que van directamente desde el núcleo geniculado lateral hasta
las áreas visuales V4 y V5, sin pasar por V1. El propósito de estas
fibras es desconocido. Lo que es seguro es que, a pesar de que
la experiencia visual consciente necesita un V1 intacto, algunos
comportamientos controlados visualmente no necesitan ser
conscientes.

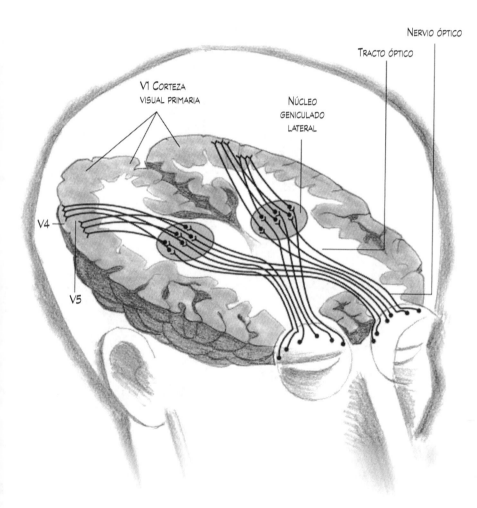

NERVIO ÓPTICO

TRACTO ÓPTICO

V1 CORTEZA
VISUAL PRIMARIA

NÚCLEO
GENICULADO
LATERAL

V4

V5

La **toma de consciencia** tiene lugar en grupos políticos y psicoterapéuticos, cuyos miembros pueden verse repentinamente afectados de **autoconsciencia** cuando se les pide que hablen. En estos dos usos, la «consciencia» parece referirse a los contenidos de nuestros pensamientos. La toma de consciencia surge cuando nos volvemos conscientes de las opresiones sufridas o infligidas. La autoconsciencia ocurre cuando el foco de nuestra atención cambia de los otros a nosotros mismos.

La memoria operativa

La consciencia en el sentido del contenido de nuestros pensamientos, lo que en la actualidad «tenemos en mente» se estudia normalmente bajo el nombre de **memoria operativa**.

LA MEMORIA OPERATIVA ES LO QUE USAS PARA HACER LA SUMA DE UNA FACTURA EN TU CABEZA Y MANTENER UN REGISTRO DE LOS SUBTOTALES.

O PARA RECORDAR DÓNDE ESTÁS EN EL CASO DE UNA ORACIÓN O DE UNA DISPUTA.

O PARA HACER SIMULTÁNEAMENTE UNA COMIDA Y JUGAR UNA PARTIDA DE AJEDREZ: MIENTRAS UNO NO SE CONCENTRE DEMASIADO TIEMPO EN CUALQUIER DE LAS DOS TAREAS.

La memoria operativa almacena brevemente y procesa la información necesaria para planificar y llevar a cabo ciertas tareas. Tiene tres partes. La más importante es la **ejecutiva central**, o toma de decisiones, con otros sistemas dependientes de ella.

Un **sistema viso-espacial** representa información limitada sobre las relaciones espaciales.

¡SE USA CUANDO NO SE CONSIGUE MONTAR COSAS QUE VIENEN EN FORMA DE KIT!

Un **sistema auditivo** te permite retener un número limitado de palabras mientras las reorganizas en frases más inteligibles, o elaboras su significado.

COMO CUANDO SE TIENE QUE LEER UN DOCUMENTO LEGAL U OFICIAL (Y, QUIZÁS, ALGUNOS PASAJES DE ESTE LIBRO).

En los últimos años, las imágenes cerebrales, los estudios de ciertas lesiones y los registros de electrodos han mostrado que:

- Varias regiones del HI contribuyen a las *tareas de memoria de trabajo verbal.*
- Varias regiones del HD están involucradas en las *tareas de memoria de trabajo espacial.*

En todos los casos, también hay actividad en la corteza frontal.

El centro ejecutivo en el área 46

A pesar de que las diferentes tareas parecen implicar distintas regiones de la corteza frontal, un área parece ser común a todas ellas. El **área 46**, como se la conoce, es actualmente el candidato favorito para el papel de **ejecutivo central**.

La memoria operativa recurre a diferentes áreas a lo largo de la corteza.

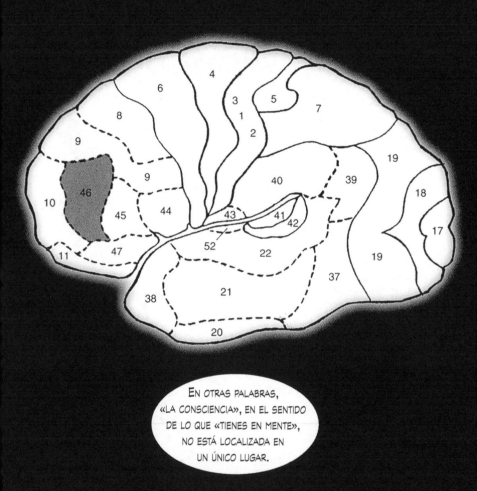

EN OTRAS PALABRAS, «LA CONSCIENCIA», EN EL SENTIDO DE LO QUE «TIENES EN MENTE», NO ESTÁ LOCALIZADA EN UN ÚNICO LUGAR.

El área 46 puede ser vital para coordinar los pensamientos y para ir de un lado a otro entre diferentes tareas. Sin embargo, el **contenido** de la consciencia depende de qué áreas de qué hemisferio estén momentáneamente involucradas en la tarea que traemos entre manos.

Dado que la corteza frontal de cada hemisferio tiene su propia área 46, un individuo con **síndrome calloso** puede poseer (o puede parecer que posee) una doble consciencia.

Imaginemos que dos imágenes se dirigen simultáneamente, una a cada hemisferio. Si a la persona con síndrome calloso se le pide **decir** lo que **vio**, el HI verbal informará «manzana». Las áreas visuales, las áreas verbales y el área 47 de su HI trabajarán conjuntamente para ofrecer esta respuesta. Sin embargo, si se le pide **escribir con la mano izquierda** lo que **vio**, escribirá «cuchara». Ahora la cooperación ocurre entre las áreas visuales, las áreas de control motor y el área 46 del HD.

La consciencia narrativa

Si a una persona con síndrome calloso se le pide explicar sus dos respuestas, su parte HI parlante tiene un problema. No sabe por qué el HD causó que la mano izquierda escribiera «cuchara». Para evitar el desaguisado, **confabula** una explicación, esto es, diseña experiencias imaginarias.

¿POR QUÉ DIJISTE MANZANA, PERO ESCRIBISTE CUCHARA?

CUCHARA

VI UNA MANZANA, Y ENTONCES PENSÉ QUE NECESITARÍA UNA CUCHARA PARA COMERLA.

Este es un ejemplo de **consciencia narrativa**, la historia constantemente ensayada y revisada que cada uno de nosotros cuenta de sí mismo.

El libre albedrío y los lóbulos frontales

Cuando **Penfield** estimuló la corteza motora de pacientes quirúrgicos conscientes, ellos le aseguraron que experimentaron sus movimientos consecuentes como involuntarios, no deseados.

Las **cortezas motoras** se encuentran en la parte posterior de los lóbulos frontales (LF). Su papel es iniciar la ejecución de movimientos generados corticalmente, como opuestos a los movimientos generados subcortical o espinalmente (como hemos visto en la sección del movimiento). Pero los pacientes de Penfield dan testimonio elocuente de que no son **el asiento de la voluntad**.

Los movimientos reactivos

Enfrente de la corteza motora se haya la corteza **premotora** y la corteza **suplementaria**. Estas áreas **seleccionan** los movimientos que ejecutará la corteza motora.

La corteza premotora selecciona los movimientos en respuesta a disparadores *externos*.

COMO CUANDO TE LEVANTAS DE TU ASIENTO PARA RESPONDER A UN TELÉFONO QUE SUENA, O PARA MARCAR UN NÚMERO QUE LEES EN UNA GUÍA DE TELÉFONO.

La corteza suplementaria selecciona movimientos en respuesta a disparadores *internos*.

COMO CUANDO TE LEVANTAS DE TU ASIENTO EN RESPUESTA A SENTIMIENTOS DE INCOMODIDAD, O PARA MARCAR UN NÚMERO DE TELÉFONO QUE SABES DE MEMORIA.

CORTEZA MOTORA SUPLEMENTARIA

CORTEZA PREMOTORA

CORTEZA PREFRONTAL

Por delante de la corteza premotora y de la suplementaria se haya la corteza **prefrontal**. Esta área tiene muchas conexiones entrantes y salientes. Las vías visuales superior o inferior que parten de los lóbulos parietal y temporal terminan aquí.

148

Los efectos de lesiones en el lóbulo frontal

Es difícil describir el papel de la corteza prefrontal, que incluye al área 46. Sus funciones incluyen la **secuenciación** del comportamiento y la memoria para el orden **temporal**. Cuando personas con lesiones prefrontales tienen que copiar una serie de movimientos, tienden a reproducir los movimientos correctos en el orden equivocado.

También muestran **perseverancia** (repetición excesiva), o **rigidez** de comportamiento. Un ejemplo es el de la realización de una prueba sobre usos de objetos en la que se tienen que sugerir diferentes usos para un objeto particular.

POR EJEMPLO, SE PUEDE LEER UN PERIÓDICO...

PERO TAMBIÉN SE PUEDE USAR PARA PRENDER FUEGO...

ESPANTAR MOSCAS...

O CUBRIR EL SUELO...

Las personas con lesiones en el LF encuentran que esta prueba es muy difícil. Ofrecen repetidamente el uso más común.

No consiguen inhibir la respuesta más obvia, de modo que las que les vienen a la mente y expresan son las menos obvias.

Lesiones en el LF y respuestas indeseadas

El hecho de no conseguir la inhibición de respuestas indeseadas también aparece en el comportamiento **impulsado por el entorno**. Los individuos con lesiones en el lóbulo frontal (LF), a menudo, reaccionan de formas estereotipadas ante los objetos con los que se encuentran, independientemente de lo socialmente inapropiado que sea el entorno. Al ver un cepillo de dientes, puede que lo cojan y lo usen, incluso si pertenece a otra persona y no están en un baño.

Al entrar en la casa de otra persona, puede que inspeccionen abiertamente los cuadros que hay colgados en las paredes, hagan comentarios sobre ellos y les pongan precio como si estuvieran en un museo o en una galería de arte.

Cuando se les señala lo inapropiado del comportamiento, puede que se encuentren confusos o que **confabulen** explicaciones fantásticas sobre sus acciones.

Como se encuentran a merced de los disparadores del entorno, los individuos con lesiones en el LF tienen gran dificultad para formular planes y seguirlos. Las líneas de pensamiento y de acción se desvían a causa de asociaciones irrelevantes (una característica compartida con los esquizofrénicos). También tienen problemas de memoria, cuando recordar requiere el uso de cierta estrategia: por ejemplo, la respuesta de un testigo normal ante la pregunta de un abogado...

Los individuos también pueden carecer de espontaneidad, y ser emocionalmente indiferentes respecto de ellos mismos o de otras personas. Esto puede ocurrir sin que haya ninguna pérdida de inteligencia. Puede que respondan de forma razonada a cuestiones fácticas o teóricas, pero nunca inician la conversación u ofrecen información voluntariamente.

¿Qué es el libre albedrío?

Los primates, y en particular los humanos, tienen grandes LF (lóbulos frontales). Hemos visto que las funciones del LF incluyen la realización de planes y la inhibición de comportamientos no deseados, pero ¿son los LF la tan buscada **sede de la voluntad**?

William James (1845-1910) consideró que el sentido del libre albedrío proviene de tener tanto **una imagen consciente de un objetivo** como **un deseo consciente de alcanzarlo**. Podemos añadir a estos criterios **saber cómo alcanzar el objetivo**.

Saber cómo alcanzar un objetivo implica ser capaz de planificar y de ceñirse al plan, evitando distracciones. Claramente, los LF, y más específicamente la corteza prefrontal, son cruciales para estas funciones. La ausencia de actividad en algunos pacientes con daño en el LF sugiere que estos pueden ser también esenciales para los deseos conscientes. Sin embargo, los LF desempeñan un papel mucho más reducido a la hora de imaginar los objetivos de forma consciente.

Las imágenes visuales de los objetivos surgen en las regiones occipital-temporal de la vía visual inferior. Las imágenes motoras de lo que hacer para alcanzar un objetivo surgen en las regiones parietal-frontal de la vía superior.

También nos hemos encontrado ya con la idea de que la acción voluntaria está basada en la *auto*-instrucción. Esto implica zonas del lenguaje en el lóbulo temporal izquierdo, así como en los LF izquierdos.

Claramente, las acciones voluntarias se ensamblan usando muchas áreas cerebrales.

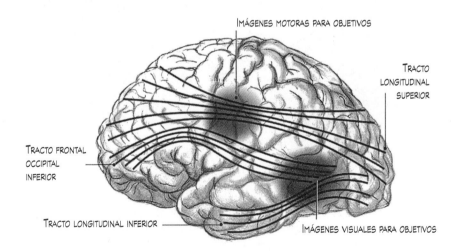

IMÁGENES MOTORAS PARA OBJETIVOS

TRACTO LONGITUDINAL SUPERIOR

TRACTO FRONTAL OCCIPITAL INFERIOR

TRACTO LONGITUDINAL INFERIOR

IMÁGENES VISUALES PARA OBJETIVOS

Quizás, al considerar el libre albedrío, lo mejor sea retrotraernos hasta Homero.

Odiseo, al volver de Troya, anhelaba escuchar a las sirenas, cuya canción encantadora atraía a los marineros hasta las rocas. Instruyó a sus compañeros para que le ataran al mástil del barco y para que se taparan los oídos con cera. Momentáneamente ensordecidos, tanto por los encantos de las sirenas como por las súplicas de su líder, los marineros mantuvieron el curso de su navegación de forma segura a través de la costa de los naufragios donde se asentaban las sirenas.

El astuto Odiseo reconocía que los lóbulos frontales no siempre tienen el control inhibitorio suficiente como para igualar el poder de la compulsión. Al hacerlo, se vio libre de experimentar el éxtasis del canto de las sirenas.

El yo

Hay muchos aspectos que crean el sentido del yo.

El **yo social** es la suma de los grupos a los que pertenece una persona.

CHICO, INGLÉS, FAN DEL FÚTBOL.

CHICA, CRISTIANA, MOCHILERA.

El **yo emocional interpersonal** se forja en las relaciones.

DICE: FUE UN EXTRAORDINARIO CAZADOR, UN EXPLORADOR INTRÉPIDO, UN HEROICO LÍDER GUERRERO, UN HOMBRE DE ESTADO DE RENOMBRE MUNDIAL Y UNA DECEPCIÓN PARA SU MADRE.

Estos dos «yoes» se encuentran más allá del alcance de la investigación neuropsicológica.

Sin embargo, nos encontramos sobre terreno más firme, neuropsicológicamente hablando, con el **yo** cognitivo o **narrativo**.

Cuando el hemisferio izquierdo del habla de un individuo con síndrome calloso intenta explicar los comportamientos controlados por los dos hemisferios HI y HD, proporcionan un modelo de las circunstancias en las que todos nos encontramos.

Cada uno de nosotros tiene que explicar su comportamiento, aunque gran parte de este nos sea misterioso. Nuestras explicaciones están formuladas en términos de una de las narrativas aceptadas de nuestra cultura.

Están anclados en tres palabras que todos identificamos: **mi nombre, yo** y **a mí**.

La narrativa del yo suele residir en las regiones lingüísticas del HI y aquellas otras áreas corticales y subcorticales que contribuyen al lenguaje. También depende fundamentalmente de la memoria episódica; y ya que las memorias autobiográficas están localizadas a lo largo del cerebro, el **yo narrativo** se haya necesariamente muy extendido.

La pérdida del yo

Los amnésicos, por necesidad, poseen un yo narrativo dañado. Son capaces de recordar acontecimientos de hace veinte años, pero no de los últimos cinco minutos; el amnésico se haya atascado en el yo narrativo que tenía en el momento de su lesión o enfermedad. Como el individuo con síndrome del LF, sus esfuerzos por dar sentido a las anomalías y contradicciones de su situación le conducen a la **confabulación**.

He aquí un ejemplo de un amnésico en una sala de hospital que cree que continúa trabajando en su farmacia.

Las confabulaciones son intentos por mantener y actualizar el yo narrativo.

El **yo corporal** (o **yo propioceptivo**: ver la próxima sección) también se aloja en diferentes lugares a lo largo del cerebro. Entre ellos se incluye la corteza sensorial, el tálamo y el cerebelo. Este yo corporal es, en gran medida, inconsciente. Solo nos percatamos de él cuando desaparece. Para la mayoría de nosotros este es el extraño efecto de una inyección en el dentista o de un breve ataque de «pierna dormida». Los individuos desprovistos permanentemente de la propiocepción sufren una pérdida devastadora del yo.

La pérdida no se puede verbalizar con facilidad, pero se ilustra llamativamente por la alegría de una mujer proveniente de sentir el viento contra su piel. A pesar de que haya perdido la propiocepción, aún dispone de los sentidos cutáneos de temperatura, dolor y, más importante, del tacto.

SIN EMBARGO, SOLO CUANDO CONDUCÍA EN UN COCHE DESCAPOTABLE PODÍA EXPERIMENTAR MÁS DE UNA PARTE DE MÍ MISMA AL MISMO TIEMPO...

Y SER CONSCIENTE DE MI YO CORPORAL COMPLETO SIMULTÁNEAMENTE.

La negación de la pérdida

Ciertas personas sufren una pérdida parcial del yo corporal. Esto ocurre tras un infarto o una lesión tumoral en la corteza sensorial derecha y sus conexiones con las áreas del mesencéfalo y las frontales. Los individuos con **anosognosia** niegan que tengan parálisis del lado izquierdo y no muestran malestar alguno por ello.

Incluso cuando han tenido que enfrentarse repetidamente al hecho de su defecto, los anosognósicos nunca alcanzan más que un reconocimiento momentáneo del mismo. En el mejor de los casos, pueden admitir que tuvieron problemas con el movimiento, pero niegan cualquier dificultad de continuo.

La disolución del yo

El yo **animal** es el sentido biológico básico de la individualidad. Distingue el yo del no yo. Un efecto de las drogas psicodélicas consiste en que descomponen, o debilitan en gran medida, esta delimitación. Saber dónde actúan las drogas en el cerebro puede ayudar a señalar una localización para el yo animal.

Un lugar de acción es el **locus cerúleo** (LC), un racimo de neuronas del tronco encefálico que canaliza e integra los estímulos sensoriales. Las sustancias psicodélicas alteran la actividad del LC. Sin embargo, estas actúan sobre una cierta variedad de estructuras, particularmente en las vías de la **serotonina**, con lo que es probable que incluso este núcleo del yo no sea identificable con un área particular.

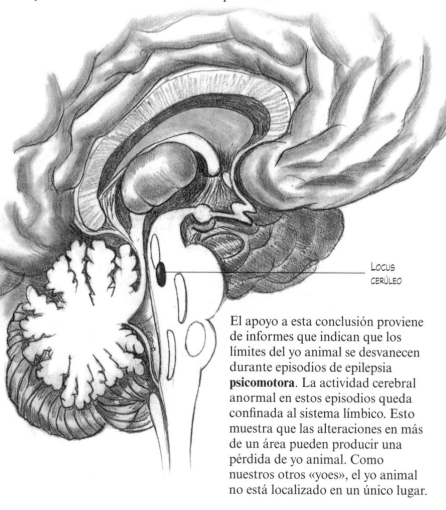

LOCUS
CERÚLEO

El apoyo a esta conclusión proviene de informes que indican que los límites del yo animal se desvanecen durante episodios de epilepsia **psicomotora**. La actividad cerebral anormal en estos episodios queda confinada al sistema límbico. Esto muestra que las alteraciones en más de un área pueden producir una pérdida de yo animal. Como nuestros otros «yoes», el yo animal no está localizado en un único lugar.

Los sentimientos de transcendencia

Los epilépticos psicomotores y los usuarios de drogas psicodélicas comparten más que una sola experiencia de unidad con todo. Ambos están también predispuestos para tener sentimientos «gratulatorios» de realización, triunfo y euforia. Ambos pueden experimentar un sentimiento de certeza, de «así es cómo es y así es cómo tiene que ser». Pero, aunque tales sentimientos se experimenten con gran convicción, no se atan a nada particular. Están flotando libres.

En los casos extremos, cuyo caso más célebre es el del novelista ruso **Fiódor Dostoyevski** (1821-81), los epilépticos llegan al éxtasis. Se llenan de sentimientos de transcendencia y beatitud, abrumados por la gloria de la existencia.

VOSOTROS LOS SANOS NO PODÉIS IMAGINAR LA EUFORIA QUE SENTIMOS LOS EPILÉPTICOS DURANTE EL SEGUNDO ANTERIOR A NUESTRO ATAQUE.

Percepciones alternativas

A lo largo de la historia, y en todas las culturas, algunos epilépticos y algunos consumidores de psicodélicos han mantenido que tales experiencias son de un significado supremo.

Aldous Huxley (1894-1963)

LAS ACLAMAMOS COMO REVELACIÓN: LAS PUERTAS A UNA REALIDAD ALTERNATIVA.

LAS NEUROCIENCIAS MODERNAS OFRECEN UN MARCO DE EXPLICACIÓN MUY DIFERENTE.

Este marco se refiere solo a la neuroquímica y a la electrofisiología de los circuitos cerebrales. Sobre la fenomenología y el significado de las experiencias anormales, al igual que sobre la experiencia normal, la neurociencia permanece en silencio.

161

La cordura: creencias y patologías

Muchas personas, que vivieron en el siglo XVIII y estaban convencidas de la existencia de la brujería, tienen descendientes que sufren la **enfermedad de Huntington**, cuyos síntomas son retorcimientos, sacudidas y hacer muecas. A lo largo de la historia, los epilépticos también han sido acusados de estar poseídos y han sufrido persecución.

EL COMPORTAMIENTO HUMANO SIEMPRE ESTÁ INTERPRETADO EN TÉRMINOS DE LAS CREENCIAS DOMINANTES, O POR NARRATIVAS DE LA CULTURA.

Las sociedades religiosas ofrecen explicaciones **sobrenaturales** del comportamiento anormal. Las sociedades modernas prefieren un diagnóstico de **patología médica**, especialmente cuando existe una anormalidad física como es el caso de los ataques de epilepsia. Sin embargo, en el caso de que la anormalidad sea puramente mental, como en el caso de las **alucinaciones**, continúa habiendo una considerable ambivalencia.

Por ejemplo, ¿es la **esquizofrenia** una enfermedad relacionada con ciertas vías de la **dopamina** en el cerebro (el modelo médico)? ¿O es un modo de lidiar con circunstancias personales intolerables (el modelo fenomenológico o sociológico)? No siempre está claro que se trate de formas de explicación alternativas y no complementarias.

Considérense las visiones de **Hildegarda de Bingen** (1098-1179), que tenía cuando estaba en un estado de alerta y vigilia «con los ojos del espíritu y los oídos internos».

ALUCINACIÓN TÍPICA DE FORTIFICACIÓN DE LA MIGRAÑA VISUAL.

Hildegarda hizo dibujos detallados de sus visiones, que creía que provenían de Dios. Muestran círculos concéntricos, figuras parecidas a fortificaciones y estrellas fugaces de lo que ahora denominamos **migrañas visuales**, ellas mismas un tipo de epilepsia menor.

Explicación de las alucinaciones

La neurociencia explica la base *física* de las perturbaciones visuales de Hildegarda. Al mismo tiempo, comprendemos cómo una mujer devota del siglo XII pudo llegar de forma sensata a su interpretación *espiritual*. La **neuropsiquiatría cognitiva** intenta mostrar que estas creencias ilusorias son intentos de explicar experiencias patológicas. Comencemos con una «situación ilusoria» experimentada en la vida cotidiana.

La mayoría de nosotros se ha sentado en un tren y se ha visto engañado pensando que nos estábamos moviendo, cuando era en realidad el tren de al lado el que se estaba moviendo.

El error es comprensible ya que normalmente solo cuando **nosotros** nos movemos se desliza a lo largo de nuestra retina una gran parte del entorno.

Veamos ahora a la forma en que interpretan los esquizofrénicos sus «voces».

Oír voces

En la vida cotidiana nosotros, o nuestros cerebros, distinguimos constantemente entre cambios sensoriales producidos por nuestra actividad y los producidos por otras personas. Sabemos cuándo hemos hablado o cuándo ha hablado otra persona. Reconocemos cuándo alguien nos ha dado una idea y cuándo la hemos pensado nosotros mismos.

En los experimentos que implican un micrófono de garganta y auriculares, los esquizofrénicos delirantes informan a veces que palabras que han dicho ellos mismos las había dicho otra persona.

Esto apoya la perspectiva de que experimentan su propio habla y su habla interna como «voces» y que sus alucinaciones son intentos de dar cuenta de los hablantes incorpóreos que escuchan.

La propuesta es que los esquizofrénicos tienen un defecto cerebral que hace que no les permite distinguir entre su propio discurso (y sus propios pensamientos) en silencio del habla externa. En este sentido, nos recuerdan a los griegos homéricos que oyen las órdenes de los dioses.

Otro ejemplo es el síndrome de **Capgras**. Los individuos de e... pueden ser generalmente bastante lúcidos, sin embargo, tien... considerar a sus padres, parejas o hijos como «impostores», ... que simulan ser la gente a la que se parecen. Muchos casos ... tienen lesiones cerebrales documentadas.

Una idea reciente es que este engaño puede ser una «imagen ... de la **prosopagnosia** (ver en págs. 118-119). En la prosopagno... que la percepción visual consciente de las caras ocurre de fo... normal, pero está **desconectada** tanto de (a) el reconocimien... de la identidad como de (b) un sentido emocional del recono... facial (ver en pág. 116).

El prosopagnósico ve **conscientemente** al hombre que es su p... También hay un reconocimiento de la identidad y reconocim... emocional, pero estos ocurren solo de forma **inconsciente**.

Esto se muestra por el hecho de que los prosopagnósicos da... corporales a caras familiares y aprenden más rápido los emp... verdaderos entre nombres y caras famosas que los empareja... falsos.

o de Capgras, la sugerencia es que la percepción visual de las caras ocurre con normalidad, y el conocimiento idad alcanza la consciencia con normalidad, pero el ocional del reconocimiento facial no ocurre ni conscie entemente. Esta persona puede ver e identificar a su p nte el «brillo» emocional de este reconocimiento. La n de que su padre es un impostor puede ser la mejor fo e dar sentido a su falta de reacción emocional: menos que aceptar que ha perdido esa capacidad.

a exhibe la alucinación de Capgras cuando **ve** a sus pa ndo **escucha** sus voces por teléfono. Ofrece la misma ocional ante caras familiares (incluyendo a sus padre

¿Qué aprendemos sobre la mente al estudiar el cerebro?

Podemos pensar en el cerebro como una entidad compuesta de numerosos ordenadores naturales, cada uno de los cuales evolucionó para resolver problemas particulares siguiendo sus propias reglas (su algoritmo). Así, V1 y V2 responden a los cambios en la luz sobre la retina. V3, V4 y V5 toma cada una de ellas una parte de esta información y calcula la forma, el color y el movimiento, respectivamente. Esta información llega a continuación a ciertas áreas del lóbulo temporal que determinan el reconocimiento de objetos y rostros, y a ciertas áreas del lóbulo parietal que generan representaciones espaciales. Cada área del cerebro es como un ordenador en un sistema conectado. Lo que hace solo tiene sentido en el contexto de lo que hace el sistema en su totalidad.

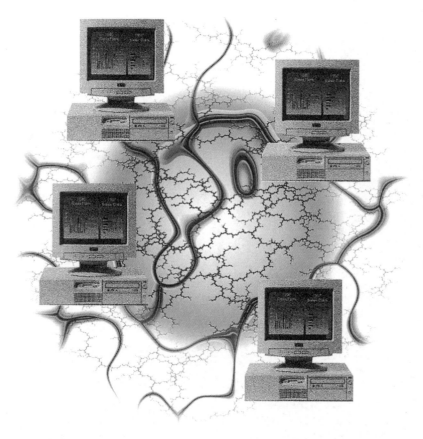

Esto es similar a la forma en que la acción de bombeo del corazón tiene sentido solo en el contexto de un sistema circulatorio de la sangre.

Cada área del cerebro (u ordenador) puede considerarse como un sistema con partes componentes que actúan en concierto para desempeñar el papel de esa zona en el sistema más amplio. De la misma manera, el corazón puede ser visto como un sistema de músculos, tubos, espacios y válvulas que actúan de manera concertada para desarrollar la acción de bombeo, que es el papel del corazón en el sistema circulatorio.

Los sistemas complejos están anidados dentro de otros sistemas complejos. Encontrar el nivel inferior de la jerarquía es imposible, porque siempre se puede llevar el análisis un paso más allá. Por ejemplo, hemos visto que términos como «visión» y «memoria» pueden ser muy amplios, y que cubren muchos procesos y funciones distintos.

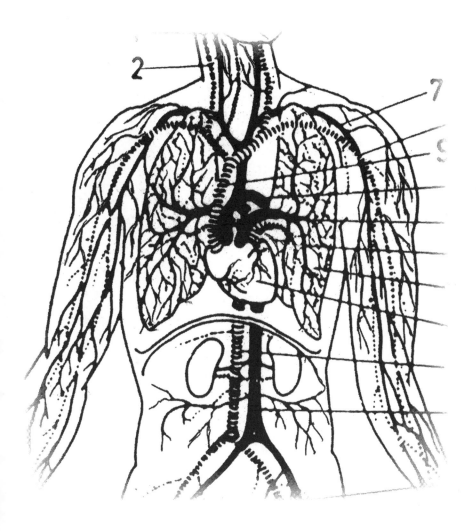

La evolución de la mente

¿Cómo han llegado las cosas a ser así? Suponemos que la mente evolucionó para resolver problemas a los que se enfrentaban los primates en la naturaleza.

La visión del color es útil para encontrar frutas de color entre el follaje verde.

Y los mapas cognitivos de la memoria son útiles para encontrar de nuevo el mismo árbol frutal al día o al año siguiente.

Sin embargo, dado que viven en grupos sociales, los primates tienen un entorno social con el que lidiar, así como con un entorno físico. La hipótesis del intelecto social dice que gran parte de la evolución del cerebro/mente ha ocurrido en respuesta a la complejidad del mundo *social* más bien que a la del mundo *físico*.

El intelecto social

Por supuesto, ser social no garantiza la evolución de un cerebro grande. Las hormigas son un ejemplo. Sin embargo, ellas parecen no reconocerse unas a otras como individuos. Una hormiga obrera es tan buena como otra porque todas exhiben comportamientos precableados muy similares. Por el contrario, los animales que *aprenden* mucho de su comportamiento no son tan fácilmente intercambiables.

Cada uno puede tener hábitos, pero que, al ser aprendidos, difieren entre los individuos. Por tanto, la capacidad de reconocer a los individuos se vuelve importante, y se desarrolla un sistema cerebral para reconocer las caras. Para los animales que se reconocen unos a otros visualmente, merece la pena saber pronto en qué individuos se puede confiar y en cuáles no en esta o aquella circunstancia.

Los humanos no son los únicos que participan en este «comercio social». Para ser efectivos en él, los animales deben no solo reconocer caras, sino también ser capaces de predecir el comportamiento individual. Tienen que ser capaces de experimentar a los otros como «personas».

La lectura de la mente

Recientemente, se ha propuesto que en el cerebro existe un módulo de «lectura de la mente» que nos permite experimentar un mundo de individuos con disposiciones y preferencias, al igual que nuestro complejo sistema visual nos permite experimentar un mundo de objetos con formas, colores, localizaciones y movimientos particulares. Se piensa que la lectura de la mente involucra a la amígdala, al surco temporal superior, a la corteza frontal medial y a la corteza orbitofrontal.

Si existe un módulo de lectura mental, entonces una lesión suya debería producir una experiencia anormal de otras mentes, al igual que el daño en el sistema visual resulta en una experiencia visual anormal.

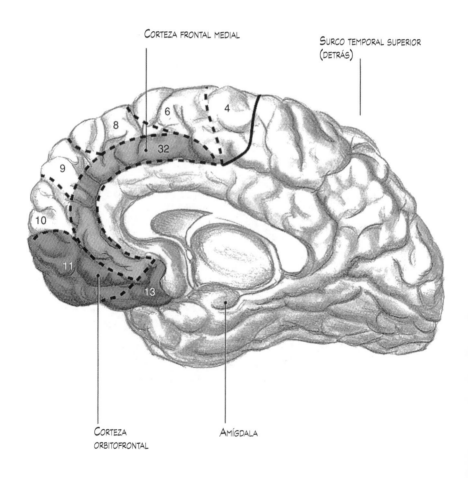

CORTEZA FRONTAL MEDIAL

SURCO TEMPORAL SUPERIOR (DETRÁS)

CORTEZA ORBITOFRONTAL

AMÍGDALA

Las personas con autismo pueden tener dañado este módulo. Parecen ser «ciegos mentales», incapaces de experimentar a los otros como personas con estados mentales.

Tomemos este ejemplo de incapacidad de comprender los estados mentales. Una mujer adulta muestra un paquete lleno de golosinas a un niño autista.

Los niños ordinarios y los niños con síndrome de Down superan esta prueba con facilidad. Los niños autistas no lo consiguen. No parecen comprender los estados mentales de otras personas.

¿Existen los estados mentales independientemente de que los experimentemos?

Si las personas pueden ser mentalmente ciegas respecto de los estados mentales, ¿quiere eso decir que los estados mentales no existen independientemente de que los experimentemos? Se pueden hacer preguntas paralelas sobre el color. ¿Son capaces de detectar los colores que están fuera del mundo esperando ser percibidos las personas ciegas al color? ¿O la ceguera al color muestra que el color existe solo en nuestra experiencia consciente?

Podemos establecer una analogía con los individuos «ciegos al dolor» que carecen de la experiencia del dolor y se lesionan a ellos mismos con frecuencia. Nadie sugiere que exista el dolor ahí fuera, en el mundo, y que esa gente no consiga detectarlo. El dolor es **nuestra** experiencia. Cuando los consideramos de esta manera, los colores también parecen ser **nuestros**.

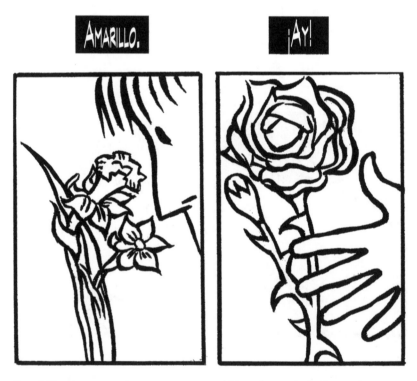

La visión de un narciso causa tu sensación de amarillo.

Al igual que el pinchazo de una espina causa tu sensación de dolor.

De acuerdo con este argumento, el encuentro con otra persona causa que experimentes sus estados mentales. Y, al igual que la respuesta de un sapo en tanto que cazador se puede disparar por una cerilla que se mueva longitudinalmente, nuestra respuesta a experimentar estados mentales se puede disparar por cualquier objeto que se parezca superficialmente a una persona.

Será suficiente casi cualquier cosa que muestre movimiento espontáneo o cambio. Las personas proyectamos estados mentales y personalidad en los animales, los planetas, los ríos, los volcanes, el viento, el mar, los coches, los barcos y (en un famoso experimento) en formas geométricas que se mueven sobre una superficie plana.

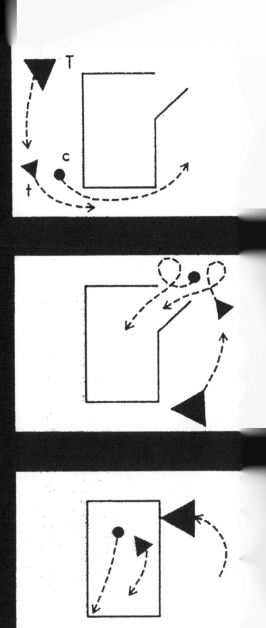

«El pequeño triángulo y el círculo tienen miedo del triángulo grande. Los persigue hasta la casa y cierra la puerta para atraparlos».

Hemos visto que la visión y la memoria se fraccionan en muchos procesos que la componen. Otras categorías de nuestra psicología popular de sentido común no han resistido mejor el escrutinio. La emoción, la atención y la acción del yo, todas ellas se fragmentan cuando se las investiga. Existe una multiplicidad de «yoes». El yo narrativo es el más destacado. Sin embargo, las confabulaciones de las personas con lesiones cerebrales muestran que el yo narrativo tiene una comprensión limitada del comportamiento del individuo. Y ahora estamos sugiriendo que los estados mentales de las personas solo existen en las experiencias que tienen de ellos las demás personas.

Esta cuestión debe responderse con un rotundo SÍ y NO.

¿Qué pasa con la responsabilidad personal?

Si los estados mentales solo existen en las experiencias de otras personas, y si el yo no es un único agente moral, sino un conglomerado, ¿cuáles son las consecuencias morales? Ciertamente, nuestra cultura afirma que descansa sobre un concepto de responsabilidad moral personal.

Ahora bien, ¿cómo lidiaron los griegos con esta cuestión?

Los personajes de Homero excusan sus acciones más terribles, muchas de las cuales están en los relatos épicos, alegando que no podían obrar de otra manera. Las partes perjudicadas aceptan estas explicaciones y dan cuenta de forma similar de sus propias acciones. Sin embargo, esto no impide la venganza. Los griegos consideraban que uno debía **rendir cuentas** por sus actos incluso si no era **responsable** de los mismos. Esto no difiere de la forma en que los padres pueden ser legalmente responsables de los actos de sus hijos pequeños.

La *Ilíada* de Homero nos cuenta cómo el rey Agamenón le quitó a Aquiles a la rehén Briseida.

Pero yo no tengo la culpa, poderoso Aquiles, por robarte a Briseida la de hermosas mejillas.

Zeus, el destino y las furias me trajeron la locura salvaje a mi corazón.

Eso no importa... ¡Ella es mía!

Dado que la evolución nos ha equipado a todos con cerebros muy similares, las personas de todas las sociedades, incluyendo los griegos antiguos, «leen» en el comportamiento lo que en nuestra cultura se denominan intenciones, deseos y creencias. Para nosotros, estos son «estados mentales» que preceden y causan comportamiento. Aparte de circunstancias excepcionales de responsabilidad disminuida, atribuimos estos a los individuos.

Otras sociedades pueden leer en el comportamiento disposiciones más que estados mentales. Pueden atribuir estas disposiciones a los dioses o a la brujería, pero sin absolver necesariamente al individuo de la responsabilidad por sus acciones.

Crimen y castigo

Las circunstancias en las cuales una sociedad castiga a un individuo vienen determinadas por prácticas interrelacionadas en relación con la responsabilidad personal, los derechos de los individuos, el bien común, la conveniencia, lo que suponen formas aceptables de castigo, y así sucesivamente. En ciertas sociedades es ilegal golpear a un niño. En otras, los hombres tienen libertad para golpear a sus mujeres y descendencia. Aún en otras, un gobernante absoluto puede hacer lo que quiera con sus súbditos.

Las prácticas aceptadas varían. Sin embargo, toda sociedad se reserva el derecho de proteger a sus miembros de ciertos tipos de pérdida o lesión mediante acciones contra los culpables.

A veces la sociedad encarcela (o incluso ejecuta) a una persona violenta, incluso a pesar de que se esté de acuerdo en que, debido a la demencia, carece de responsabilidad por sus acciones. En otras ocasiones, la falta de responsabilidad se puede usar como una defensa legal con la intención de conseguir una sentencia **reducida**, por ejemplo, cuando se alega «provocación» o «crimen pasional» por parte de la defensa. Todos sabemos lo idiosincrásicas que pueden ser las decisiones judiciales.

No negociamos estas difíciles cuestiones con mayor consistencia o claridad de pensamiento que los griegos.

Pero hablamos y pensamos de forma diferente sobre esas cuestiones y, como consecuencia, conducimos nuestras vidas de forma diferente.

El estudio del cerebro nos enseña que nosotros, seres humanos, somos complejos y de formas insospechadas. El comportamiento surge de la acción conjunta de muchos módulos cerebrales, y no existe ningún único yo que ejerza el control absoluto. Esto no significa el fin de «la moralidad como la conocemos». Lo que significa es una transformación gradual. «La moralidad tal como la conocemos» es un producto de desarrollos históricos sobre cómo reflexionamos sobre la responsabilidad personal, el libre albedrío, los derechos, la conveniencia y el bien de la comunidad.

En Gran Bretaña, hace solo doscientos años, un niño podía ser ahorcado por robar una oveja, y una mujer no disfrutaba de los mismos derechos políticos que los hombres. Entonces existía la trata de esclavos; ahora existe el comercio de armas.

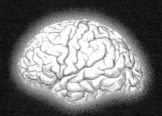

Sugerencias para seguir leyendo

Hay muchos libros que tratan una mayor o menor parte de las ideas tratadas en estas páginas. No podemos hacer nada mejor que recomendar algunos de los que nosotros mismos hemos utilizado.

Historia de la neurociencia

The human brain and spinal cord: a historical study. E. Clarke y C.D. O'Malley. University of California Press, 1968. Una historia amplia y académica sobre el desarrollo del conocimiento y de las ideas sobre el cerebro.

Origins of neuroscience. S. Finger. Oxford University Press, 1994. Una historia de las ideas fascinante y excelentemente ilustrada.

La mente, los griegos y la literatura

The origins of European thought. R.B. Onians. Cambridge University Press, 1954 [disponible en castellano como *Los orígenes del pensamiento europeo*. Tilde, 1998]. Análisis autorizado de la influencia formativa de la cultura griega en el intelecto europeo.

The origins of consciousness in the breakdown of the bicameral mind. J. Jaynes. Houghton Mifflin, 1976 [disponible en castellano como *El origen de la conciencia en la ruptura de la mente bicameral*. Fondo de cultura económica, 2009]. Interpretación atrevida y que invita a la reflexión sobre varias literaturas antiguas, incluyendo la épica de Homero.

Cerebro y comportamiento

The brain. Scientific American Library, 1979 [disponible en castellano como *El cerebro*. Labor, 1980]. Introducción altamente accesible pero selectiva de la estructura y función del cerebro.

Mind and brain. Scientific American Library, 1992. Un estudio más accesible, pero selectivo de los conocimientos actuales. Excelentes ilustraciones.

Cognitive neuroscience: the biology of the mind. M.S. Gazzaniga, R.B. Ivry y G.R. Mangun. Norton & Co., 1998. Espléndida introducción actualizada de todo el tema realizada por tres grandes profesionales.

A vision of the brain. S. Zeki. Blackwell Science, 1993 [disponible en castellano como *Una visión del cerebro*. Ariel, 1995]. Un reputado científico de la visión presenta un relato intrigante y personal de cien años de estudio del cerebro visual.

Neuropsicología humana

The man who mistook his wife for a hat. O. Sacks. Duckworth & Co., 1985 [disponible en castellano como *El hombre que confundió a su mujer con un sombrero.* Anagrama, 2008]. Colección clásica de casos prácticos, escritos con profunda humanidad para el lector general.

Clinical neuropsychology. J.L. Bradshaw y J.B. Mattingley. Academic Press, 1995. Introducción bien organizada y escrita sobre el estudio de personas con lesiones craneales.

Fundamentals of human neuropsychology. B. Kolb y L.Q. Whishaw. W.H. Freeman & Co., 1996 [disponible en castellano como *Neuropsicología humana.* Panamericana, 2016]. El texto estándar completo para aquellos que quieran descubrir lo que se conoce sobre las estructuras y funciones del cerebro de los primates.

Los autores

Angus Gellatly ha sido profesor y director del Departamento de Psicología en la Universidad de Keeie y en The Open University. Ahora es profesor de psicología en Oxford Brookes University. Investiga sobre percepción y cognición visual, y solía escribir ficción en la época en que tenía tiempo.

Oscar Zarate ha ilustrado otras guías ilustradas como Freud, Stephen Hawking, Lenin, Mafia, Macchiavello, Teoría cuántica y Melanie Klein [N.T.: aún no disponibles en castellano]. También ha producido muchas aclamadas novelas gráficas, incluyendo *A Small Killing*, que ganó el premio Will Eisner para la mejor novela gráfica de 1994, y ha editado *It's Dark in London*, una colección de historias gráficas, publicada en 1996.

Agradecimientos

El autor quiere dar las gracias a Melanie, Charlotte y Theo por su paciencia y apoyo mientras estuvo inmerso en este proyecto. Gracias también a Melanie, Richard, Doug, Helen y Louise por leer y comentar el manuscrito original, y a Oscar por hacer de este trabajo una colaboración tan agradable.

El artista quiere también dar las gracias a Zoran Jevtic, quien con la ayuda de su ratón realizó una contribución incalculable al efecto visual de este libro, en particular a la claridad de los mapas del cerebro. También quiere dar las gracias a Ángel Petronio Azarmendía, mi amable bibliotecario local.

Créditos

Esta fotografía de Stephen Hawking está realizada por Mark McEvoy. Este dibujo está realizado por Bill Elder.

Índice de nombres y conceptos

185